Alexander Fest Verlag

Eckhard Henscheid

Goethe unter Frauen

Elf biographische Klarstellungen

Mit Illustrationen von
Klaus Ensikat

Alexander Fest Verlag

Frau Rat Aja, Mutter 7

Friederike 23

Charlotte I 41

Lili 63

Charlotte II (Frau v. Stein) 79

Christiane, Ehefrau 105

Bettine von Arnim, geb. Brentano 135

Marianne 147

Ulrike 167

Ottilie, Schwiegertochter 183

Gretchen Faust 203

Ein Nachsatz des Herausgebers 227

Literatur 228

Frau Rat Aja, Mut
Rätin, er lebt!

Sämtliche im Buch verwendeten Daten und Zitate sind, soweit nicht deutlich anders ersichtlich, der Literatur (Briefe, Tagebücher, Eckermann usw.) und Sekundärliteratur entnommen; wechselweise in älterer oder neuerer Schreibweise. Zuweilen bringen die Protagonistinnen allerdings auch manches durcheinander, erinnern sich falsch oder schwärmen.

»Am 28sten August 1749, mittags mit dem Glockenschlage zwölf, kam ich in Frankfurt am Main auf die Welt«, schreibt mein Sohn Johann Wolfgang Goethe in seinen Lebenserinnerungen »Dichtung und Wahrheit« (hier zitiert nach: Goethejahr 1999, Weltbürger Goethe – Weltoffenes Frankfurt, Hrsg.: Stadt Frankfurt, Geschäftsstelle Brückenstraße 3–7, S. 1); d.h. mein Sohn Goethe kam aber natürlich vielmehr wie amtlich bekannt im Haus am Großen Hirschgraben zur Welt, vor genau 250 Jahren, ei ja, soweit stimmt das schon und hat seine Richtigkeit, und deshalb kann also ja auch die alte Reichsstadt Frankfurt meines Erachtens ruhig mitfeiern und sich ein bißchen dick machen mit meinem Sohn, ein bißchen arg stark treibt es die heutige Geld- und Pfeffersack- und Kapitalmetropole da ja manchmal und eigentlich bei jedem sich bietenden Anlaß und manchmal schon recht degoutierlich und direkt ziemlich verheuchelt – und diesmal, 1999, zum 250sten also, sollen laut Stadtblättchen aus der Hellerhofstraße ja auch pünktlich im ganzen Hessenland diese Frankfurter Glockentöne zu hören sein, aus unserm Hessischen Rundfunk heraus, Gott, was sich die Leut alles Förz einfallen lassen, ja, und einen »Festkalender« des »Goethe-Magazins« als Sonderpublikation von unserm hiesigen Societätsverlag, gedruckt in einer Auflage von 30000 Stück, haben sie mir auch schon zugeschickt, Anfang März bereits; und diese gleich noch vornehmeren Herren vom hier ansässigen Insel- und Suhrkamp-Verlag, die drucken zum Geburtstag hin schon seit 1998 wie verrückt neue Werkausgaben von meinem verstorbenen Sohn und Bücher von ihm und über ihn, Bücher noch und noch, obwohl es ja eigentlich (hab ich mal wo gelesen) schon so Stücker 30000 oder vielleicht sogar 300000 geben tut.

Und in diesen Büchern ist dann eben auch manchmal zu lesen, daß das mit dem »Glockenschlag zwölf« von meinem Sohn im Sinne seiner Selbststilisierung und Autoauratiosierung usf. also von meinem Sohn ein bißchen geschwindelt und geglättet gleichsam war – also wenn Sie mich fragen tun: Das kann schon sein, daß es da schon auf 1 Uhr langsam hingegangen ist, weil ich war da ziemlich neben der Kapp vor Schmerzen, es war, wie Sie ja heute überall nachlesen können, eine besonders schwere Geburt mit Hilfe von div. Hebammen und der Großmutter von meinem Sohn, mein Sohn kam nämlich »ganz schwarz« und zuerst »so gut wie leblos« zur Welt, wie der Biograf Richard Friedenthal (Goethe, Sein Leben und seine Zeit. München 1963, S. 7) mich, die Mutter, zitierend ganz korrekt schreibt – »Rätin, er lebt!« rief aber sodann die Hebamme, und tatsächlich hatte er, mein Sohn, dann auch gleich sofort »große, dunkelbraune, fast schwarze Augen« (ebd.), wenn ich mich recht erinnere, richtig »italienische Augen« – so wie er denn dann ein annermal später zum Grafen Reinhard am 30. 5. 1807 entsprechend brieflich schrieb und ihm Mitteilung machte: »Es fehlte wenig, so wäre ich ganz in Italien geblieben.«

Ei ja, so und net anners war das damals, und zuerst hat ihn wohl auch die Amme nähren müssen, aber dann kam er, mein Erstgeborener und einzig dauerhaft überlebender Sohn, doch schon bald zu Kräften, und bereits in seinen »Zahmen Xenien« von 1795 (vermute ich, legen Sie mich net fest) konnte er dann m.E. voll zu Recht – manche meinen ja, das sei so ein bißchen idealisch altersmild zusammengeträumt, aber es stimmt schon – dieses Gedicht schreiben und zu Papier bringen:

»Vom Vater hab ich die Statur,
Des Lebens ernstes Führen,
Vom Mütterchen die Frohnatur
Und Lust zu fabulieren.«

Dochdoch, genau, das hat er sehr genau getroffen, mein Herr dichterischer Sohn und »Hätschelhans« bzw. »Häschelhanß« (so meine originale Schreibweise) – eine Frohnatur war ich wohl immer, bis zuletzt – mein schon vorerwähnter Lieblingsgoethebiograf Friedenthal erwittert da sogar so eine Art Spiegelung als Konkordanzkonkurrenz zwischen mir und meinem Sohn; denn: »Auch diese Mutter Goethe war eine schöpferische Natur« (S. 15).

Eben. Was allerdings das Fabulieren angeht, so stelle ich hier schon mal unabweislich klar: Die Sache mit meiner späten Liebe und Leidenschaft mit oder für den Weimarer Schauspieler Karl Wolfgang Unzelmann – die haben andere ausgetratscht und rumfabuliert. Ich wollte gar nicht, daß das zu sehr unner die Leut kommt und drüber gebabbelt wird.

Der erwähnte Vater aber war nach meiner Erinnerung also der Kaiserliche Rat Dr. Johann Caspar Goethe, der was mich, eine geborene Textor und Schultheißtochter, geboren 1731, 1748 mit 17 geehelicht hatte – d.h. also: ich war ca 17. Und werweiß sogar noch im Stand der Virginität (ungebimbert, wie man in Frankfurt sagt – daher kommt wohl der Ausdruck Bembel iwer den iweraus frauenähnlich schöngeschwungenen Apfelweinkrug) – ich kann mich da nicht mehr so genau erinnern.

Mein Mann, der »Rat«, war aber jedenfalls fast 40, als er mich zur Frau nahm, d.h. dieser Rat war ein für 313 Gulden lediglich vom verarmten Kaiser erkaufter Titel – er, Goethe, mein Gemahl, war nach der Meinung von unserm späteren Reichskanzler Fürst Bismarck auch eine »Schneiderseele«, wohl weil sein Vater, also Goethes Großvater, ein aus dem Thüringischen in Frankfurt zugewanderter Schneidergeselle gewesen war – ich kann das nicht so akkurat beurteilen, weil mein Mann, wie alle unsere Kinder außer Wolfgang und Cornelia, schon recht bald starb; aber diese Affair mit dem Unzelmann war da noch nicht am Rumoren; so ruhig und stet er sonst war: Gegen die hätt er sich wahrscheinlich doch gewehrt!

Bei mir jedenfalls sah es schon wieder besser aus, mein Vater (Textor) war stolzer Schultheiß. Johann Caspar wiederum aber hatte von seinem Vater, der sich noch Friedrich Göthé schrieb, kraft Einheirat den »Weidenhof« geerbt, als den damals viertgrößten Gasthof der Stadt Frankfurt (welche damals so an die 30000 Seelen herum gezählt haben mag). Wir haben den Weidenhof dann aber verkauft und die zwei Häuser am Großen Hirschgraben dafür eingehandelt – na gut, der Vater vom Wolfgang, »Wirkl. Kaiserl. Rat« hat er sich sogar titulieren dürfen, ist dann nach zwei Schlaganfällen ja auch schon bald gestorben, vorher hat er in seiner späteren Jugend auch mal ein Buch »Viaggio in Italia« geschribbe und sogar dann publiciert m.W., m.E. hab ichs aber net gelesen, weil es war natürlich noch iwwerhaupt nicht mit der großartigen Italienreisebeschreibung meines »Hätschelhans« zu vergleichen.

In der Darstellung – 1998 wiederveröffentlicht – des Weimarer Gymnasiumsdirektors, Oberkonsistorialrats und Tratschmauls Karl August Böttiger, die ich gerade als Gedächtnisstütze für meine eigene schriftliche Aussage wiederlese, war »Göthes Vater ein steifer, ceremonieuser Frankfurter Rathsherr. Alles ekkigte, gezwungene, gezwickte Ministerartige hat Göthe von seinem Vater« (K. A. Böttiger, Literarische Zustände und Zeitgenossen, Berlin 1998, S. 91), der ihn, wie der Verfasser richtig schreibt, »in früher Jugend selbst unterrichtete, und überhaupt ein sehr gelehrter Mann war« (naja, es ging ganz passabel) – »das gewande, genialische« aber, so fährt jener Böttiger geradezu beschwingt fort, »hat er von seiner Mutter«. Und B. merkt in Fußnote auch gar noch an, daß nach Meinung von J. Paul Richter (er hieß zu meiner Zeit wohl »Jean Paul«) »ausgezeichnete Männer meist das Gute von ihrer Mutter hätten«.

Nun also, ich vermag das selber natürlich nicht so akkurat und opjektiv beurteilen – jedenfalls stammte meine Mutter Anna Margaretha Lindheimer wiederum von Metzgern ab, und es ist dies nach meiner Einschätzung auch ganz gewiß kein Nachteil und keine Schande, siehe auch die neueren und heutigen Metzgerskinder Franz Joseph Strauß und Josef-Jockel Fischer, die es trotzdem bis zum Parteivorsitzenden resp. Außenminister gebracht haben. Und sich also nicht schämen brauchen.

Weil mein verstorbener Mann nun also Rat war, so wurde ich in der Folge in Metzgereien und in der sonstigen Öffentlichkeit auch häufig »Frau Rat« oder auch »Rätin« genannt. Aus einem mir nicht mehr erinnerlichen Grunde nannte man mich auch »Aja« (vielleicht, weil ich oft im Gespräch mit hohen Herrschaften in mein geliebtes Frankforter »ei ja« verfiel), eigentlich hieß ich ursprünglich Catharina Elisabeth Goethe (1731–1808), geborene Textor, woran denn heute noch die schöne und ziemlich lange Textorstraße in Frankfurt-Sachsenhausen erinnert, gleich hinner der Apfelweinmetropole zwischen Schweizer Straße und Affentorplatz. Wiewohl ich selber ja nie in Weimar war, um etwan gar meinen Sohn zu besuchen, stand ich dann später sogar

mit der dort ansässigen Herzogmutter Anna Amalia in reger Brieffreundschaft. Und obschon mir manchesmal ein »Maulwurfgesicht« nachgespottet wurde, muß ich wenigstens zeitweise eine recht ansehnliche und manierliche Person gewesen sein, und der Herr Rat hatte keinen Grund zur ehelichen Beschwerde, dem Relief in Gips von Johann Peter Melchior (s. Jörn Göres, Goethes Leben in Bilddokumenten, München 1981) nach zu urteilen, war ich noch 1779, also als 48jährige, eine dralle, immer noch leidlich hübsche, eine im Süddeutschen etwas schonsam sog. »starke Frau«. Und jedenfalls konnte ich dann schon kurz vorher am 30. 11. 1778 der Herzogmutter Anna Amalia (Wilhelm Bode, Goethe in vertraulichen Briefen seiner Zeitgenossen, Berlin 1917–23, Band 1, S. 231) über die schließlich doch geglückte Geburt nach Weimar berichten:

»Frau Aja tat einen großen Schrei, als sie ihren Häschelhans erblickte.«

Später brachte wohl mein berühmt gewordener Herr Häschelhans die ganz unterschiedlichsten Sachen über die Frauen zu Papier, jedenfalls – immerhin schon als 17jähriger zu Briefpapier: »Warrlich ich liebe die Mädgen allesammt«, faselhanst er da seiner Schwester Cornelia im Brief aus Leipzig vor – und gleich drauf wieder doch: »Würckliche Liebe darf ein Poet nicht empfinden.« Wie dem auch immer sei, es sei wie es wolle, jedenfalls war ganz ohne Zweifel ich, Aja, seine, Johann Wolfgangs, erste bedeutende Frauenbekanntschaft, rechnet man vielleicht die ihn nährende Amme weg, die er m. W. im Zweiten Teil des »Faust« mit der hochambivalenten Doppelmetapher von wegen »Pandora« und dem »Gang zu den Müttern« ihrer gedenkend ziemlich symbolisch-enickmatisch mit einem seiner vielleicht scheensten Geistesblitze bedankt. Doch Amme hin, Pandora her, wie mein bzw. Goethes Biograf Friedenthal (a. a. O., S. 20) einwandfrei bezeugt, war ich jedenfalls »die beste aller Mütter«, genauer gesagt: »Die beste aller Mütter hat fromm und stolz ihre Ansicht über ihren Anteil an dem herrlichsten aller Söhne« – herrlichsten aller Söhne! – »kundgetan.« Und Friedenthal ziert sich nicht und zitiert mich dann auch ganz korrekt mit meiner Rede an den überaus herrlichen Sohn: »Da nun ein großer theil deines Ruhmes und Rufes auf mich zurück fällt«, so dürfe man ganz ungenierlich sagen: »Vielleicht ein Gran Hirn mehr oder weniger und du wärstes ein gantz ordinärer Mensch geworden« (ebd.).

Ei, und jener Friedenthal, einmal im Schwung, steht sodann nicht an, in der Folge meiner Lebensdaten 1731 – 1808 und denen meines Sohnes 1749 – 1832 erst im Zeitraum 1731 – 1832 »das volle Goethe-Jahrhundert« (S. 21) zu erkennen. Hah!

Und ich sage nur: Da ist eppes dran.

Auch wenn dann mein Sohn 1808 sodann nicht einmal zu meiner Beerdigung nach Frankfurt kam.

Und wenn ich nun aber vom Herausgeber ermutigt, ja aufgefordert wurde, hier in diesem Buche »gegen Goethe möglichst auszupacken, vor allem im Sinne und im Interesse der Frau und der endlich bald erfolgenden Frauenemanzipation« (Einladungsbrief von Herrn Eckhard Henscheid i. A. Alexander Festl), dann – kann ich allerdings hier trotzdem nur beschränkt dienen. Denn zwar ist richtig, daß mir mein Sohn bis 1792 nur gantze vier Briefe geschrieben hat. Und es stimmt schon auch, daß dieser ja recht hochgemute, ja bereits gewaltig hochmütige Herr Sohn seiner Schwester Cornelia zwar dreizehn Briefe aus Leipzig schreibt (Neuausgabe Hamburg 1986), mir aber nach meinen Unterlagen überhaupts gar keinen, und nur dem Brief vom 11. May 1767 an das um ein Jahr jüngere »Schwestergen« nach Frankfurt ist ein Gedicht »An meine Mutter« beigefiegt, das einzige Gedicht, was dieser Herr Sohn Lyriker überhaupt auf mich gemacht und herausgezwickt hat – allerdings: Was für ein Gedicht!

An meine Mutter
»Obgleich kein Gruß, obgleich kein Brief von mir,
So lang dir kömmt, laß keinen Zweifel doch
Ins Herz, als wär die Zärtlichkeit des Sohns,
Die ich dir schuldig bin, aus meiner Brust
Entwichen. Nein –«

– usw., es geht dann noch eine Weile in dem Ton und Dreh weiter, es kommt z.B. noch ein sehr netter Vergleich mit so einem Fluß und gantz stürmischen Wellen und einem Fels und einem Anker dran, halt so poetische Kappes und Schmeicheleien – aber dafür wieder mal kein Brief, sondern nur an die Kleine, die Conny, schreibt er so altkluge Sächelche wie »Mädgen (müssen) einen gewißen geheimen Zauber haben, mit dem ihr uns verhexet« (S. 47) oder dann auch so Sachen als wie: »Die Eitelkeit beherrschet fast immer das Herz der Mädgen« (S. 48) – also, um ganz frei heraus zu reden, ich reime mir das halt so zusammen, daß mein Sohn damals, als 17jähriger Hupfauf und Springinsfeld, einfach zu viel Respekt hatte vor mir, der gewaltigen »Ehe-Consortin, geb. Textorin« (Hochzeitsprotokoll) des »Würckl. Rats« (so hat man dazumal konsonantenreich geschribbe), aber immerhin grüßt er mich gleich drauf in seinem Brief an das Fräulein Gänschen und bittet sie, mir also doch das Gedicht zum lesen zu geben, na und noch später hat der Goethe, mein Sohn also, mich dann auch in der »herrlichen« (so die gesamte Germanistik ab 1832) Gestalt der Mutter in seinem Romänchen »Hermann und Doris« verewigt; und außerdem ist es ja doch eine deutliche Sprache für gewisse Präferenzen, daß nicht das junge Dämchen Cornelia (für manche klugscheißerische Exegeten gar das wichtigste Frauenzimmer im Leben Goethes, seine einzige Liebe iwwerhääpt – ei was gar) in diesem Buch ein extra Kapitel von elfen kriegt; sondern: Ich, Aja.

Obwohl, zwar ist richtig: »Am wachsenden Ruhm des Sohnes nahm sie lebhaft Anteil« (Karl Otto Conrady, Goethes Leben und Werk, Königstein – schöne Gegend am Taunus, waren wir öfter am Sonntagnachmittag – 1981, S. 18); das stimmt schon. Aber sogar mein Lieblingsbiograf, der Friedenthal, der was dann auch gleich drauf noch übern Luther was verfaßt hat, muß zugeben, daß Goethes Verhältnis zu seiner Mutter seit seinen leider Gottes nicht ganz gelungenen Studienabschlüssen in Leipzig und Straßburg ein stark zurückhaltendes ist oder geworden ist, auch und gerade mit dem Eintritt als Rechtslizenziat in die Frankfurter Firma meines Mannes; daß Goethes »sorgsam, ja fast ängstlich gewahrte Distanz« (Friedenthal, S. 19) richtigge-

hend auffällig, ja ausfällig ist, trotz allen Mütterchen-Frohnatur-Gebabbels – und insofern könnte ich den Herausgebern dieses Buches und dem Verleger Fettl durchaus schon etwas mit div. Pikanterien und einem klitzekleinen Skandälchen entgegenkommen – denn es ist schon auch wahr, was dieser Friedenthal dann daraufhin schreiben tut:

»Seiner Mutter gegenüber hat er, nachdem er Frankfurt verlassen hatte, eine kaum begreifliche Kühle bewahrt. Er hat sie in großen Abständen besucht«; und jedenfalls: »Sie blieb ihm ein Geheimnis« (S. 14).

Also wenn Sie mich über die Hintergründe dieses Geheimnissens befragen: Ich glaube fest und vermute fast, daß mir mein Sohn übelgenommen hat, wie ich so um die Jahrhundertwende herum immer mit dieser kleinen Bettina zusammengesteckt und geschwätzt und gebabbelt habe, wo also dann diese Legende mit »Frau Rat« hinten und »Frau Rat« vorne erst entstanden ist, ehe sich diese Bettina selber das Jahr drauf 1807 nach Weimar aufgemacht und verfügt hat, meinen Sohn zu umstrikken und noch restlos auszuhorchen, damit sie noch mehr Material kriegt für ihre unausstehlichen Memoiren und Feldstudien von 1835, für diesen von ihr ganz bösartig als Bestseller geplanten Hammer von einem voyeuristischen Brummer.

Aber andererseits konnte das mein Sohn damals, so um 1775 herum, noch gar nicht wissen, ja, ich gebe zu und klage hier diesen meinen Sohn sogar ein bißchen an, daß ich mich gerade in diesen ersten Jahren meiner frühen Witwenschaft (war auch eine schöne Zeit) von ihm mehrmals vernachlässigt und »entfremdet« (Hegel) fühlte. So daß ich mich z.B. im Brief an den Friedrich von Stein (also dem Sohn von dieser seiner vormaligen Schlambe) vom 22. 4. 1790 beschweren mußte, gerne »möchte ich wissen, wo mein Sohn ist. Einige sagen, in Venedig, andere, in der Schweiz.«

Heute weiß man, daß es die Zweite Italienreise nach Venedig

war, was der geheimniskrämerische nachmalige Herr Geheimrat damals trotz oder gerade wegen der soeben erfolgten Geburt seines Sohnes August (des einzigen iwerlebenden Kindes, wie letztlich bei mir) damals unternehmen zu müssen glaubte – ja, eine gewisse »Verfremdung« (Bert Brecht) zwischen mir und meinem Sohn Goethe war ehedem wohl unvermeidlich oder jedenfalls unverkennbar, und manchmal reime ich es mir so zusammen, daß dieser mein Sohn und Legationsrat und Theaterdirektor und (seit dem 13.9.1804) Wirklicher Geheimer Rat als eine »wirkliche Exzellenz« sich dieser seiner guten Mutter und bloßen »Rätin« und Witwe eines bloß Wirklichen Rats eben doch ein wenig schämte. Vielleicht ja auch deshalb, weil meine »Orthographie mangelhaft war«, wie wiederum selbst mein Favoritegoethebiograf Friedenthal einräumen muß: »In Lutherdeutsch schreibt sie, wie ihr der Schnabel gewachsen ist« (S. 17); z.B. dies an ihren, d.h. meinen, Sohn:

»Und du und Schiller, Ihr seid hernach Classische Schriftsteller – wie Horatz Lifius – Ovid und wie sie alle heißen [...] was werden alsdann die Professoren Euch zergliedern – auslegen – und der Jugend einpleuen«

– und hatte ich aber da, Orthograpfie hin und Lateinnamen her – nicht ewig und geradezu visionär recht?! Ich sage nur: Emil Staiger, Fritz Gundolf und die Goethegesellschaft von 1870ff., meine Hauptfeinde! Und ahnte ich mit diesem Brief an meinen Sohn nicht sogar Alfred Polgars und Egon Friedells Groteske »Goethe« von 1908 voraus, in welcher ja also diese von mir genial vorausgesehenen Goetheprofessoren sogar meinen Sohn Goethe bei der Goetheprüfung glatt durchfallen lassen! Hah, habe ich da lachen müssen – und ganz ähnlich habe ich sodann auch diese poetisierte Werther-Liebe meines Sohnes mit dieser Charlotte da aus Gießen oder Limburg oder was für einem Käsdorf genau vorausimaginieret, diese Legendenbildung um all das rum – na gut, auch ich selbst bin ja Legende geworden, und offen und frei heraus gesagt: ich hab es schon auch recht genossen, allbereits zu Lebzeiten – und legendär waren wirklich meine »Bildungslücken« (Conrady, S. 20 a. a. O.) und speziell dieße saumäßige Kralle von deutscher Lutter-Ottograffie – sobald ich es heute wiederlese, muß ich richtich selberschmuntzeln:

»Tramtugische« schrieb ich da (Conrady, S. 18) beispielsweise statt »Dramaturgie« oder »Lotheri« oder gar »pradiodißmus« – also, gemeint war da diese Sache, die heute lt. dem Philosophfen Habermaus immer noch so eine große Rolle spielt als jetzt neuerdings sogenannter Verfassungspatrodismus.

Hm, ei, also genierte sich mein Sohn da ja wirklich etwas für meine Ottogravie? Vielleicht auch wegen dieser meiner Abstammung nicht allein von Weidenhof-Hoteliers, sondern auch von Metzgersleuten her? Nichtsdestoweniger gebe ich hier aber der Nachwelt richtigstellend zu prothokoll, daß ich allerdings keineswegs so ungebildet war, wie diese meine Ortthografiekralle mittuntter vermutten läßt: Schon im Brief vom 9. April 1804 an meinen Sohn verteidigte ich mit abermals trefflichen Worten seine und Schillers politisch-satirische Xenien, die doch damals bei ihrem Erscheinen recht umstritten und umraunt waren und manch böses Blut hervorlockten: »Eure Wercke«, schrieb ich dem jetzt auch schon recht Angegrauten, »bleiben vor die Ewigkeit«, anners als die »armseligen Wische« und der »Schnick-Schnack von Rezensirengewäsche« (J. Drews, Goethe anektodisch, o. J., S. 36); und das nämliche gelte übrigens auch für die künftigen Rezessenten vorliegenden wahrscheinlich herrlich sich ausnehmenden Goethefrauen-Buchs der Verfasser Henscheid und Fästle, punktum! Dies Buch geht sicher seinen Weg und macht Karrier!

So wie eben auch ich, Aja und Frau Rat, sie unnerm annerm Stern, dem von meinem faustischen Herrn Sohn, letztlich zielsicher und pfeilgrad gemacht habe. Wie schreibt abermals mein lieber Friedenthal über mich, die Mutter, ungeachtet aller kleinerer Be- und Verfremdlichkeiten zwischen mir und meinem Sohne? »Alles aber«, schreibt er (S. 19), »was ›derb und tüchtig‹ ist, die Lieblingsworte des alten und schon jungen Goethe, kommt von ihr her.« Durch meinen Sohn jedoch, so faßt der Biograpf schon auf der S. 9 seines sodann 772 Seiten starken Standardwerks straffstens zusammen, »wandelt sich die Dichtung Deutschlands von provinzieller Dürftigkeit zur höchsten Blüte, und am Ende steht er als ihr Weltrepräsentant da«.

Jawohl, so isses. Kein Gebietsrepräsentant war mein Sohn wie heutzutage so mancher Versicherungs- und Arzneimittelvertreter, sondern »Weltrepräsentant«! Weit über die Tore seiner Vater- oder eben besser vielleicht Mutterstadt Frankfurt hinaus, die schon 1849 zum 100sten sichergehen wollte: »Drum dhääle merr sein Ruhm« (Friedrich Stoltze, E hiesig Borjerkind). Das Frankfurter Bürgerskind aber als Weltrepräsentant – das klingt doch schon nach was, und darum erfand dieser mein Sohn dann kurz vor seinem sel. Tode auch noch schnell den Begriff der vorher unbekannten »Weltliteratur«, und ich aber war praktisch immer mit von der Partie und voll dabei. So daß der 1941 geborene Germanist Dieter Borchmeyer schon am 17. August 1994 – zum 245. Geburtstag meines Sohnes und zu meinem Ehrentage also auch – innert der hiesigen FAZ furchtlos und vollständig zu Recht zusammenrafft: »Eine kluge Frau, man darf sie die Erfinderin der Weimarer Klassik nennen.«

Und ein Original natürlich dazu. Kurz vor meinem Tod soll ich einem Dienstmädchen den Auftrag gegeben haben, eine Einladung abzulehnen: »Sagen Sie nur, die Rätin kann nicht kommen, sie muß alleweil sterben« (Friedenthal, S. 19). Nicht übel riwwergebracht, oder? »Frankfurt stickt voller Merkwürdigkeiten«, heißt es in einem heute von der Stadt Frankfurt (500 000 DM, lese ich grad am 2.12. in der FAZ, gibt sie im Namen der Steuerzahler für ein »Faust«-»Projekt« 1999 aus – brav) gern in Umlauf gebrachten Goethewort meines Sohnes – und das ließ sich denn schon damalns auch eine gewisse Revolverjournalistin Madame de Staël zur Anlockung gesagt sein und besuchte nicht nur meinen Sohn am Hof in Weimar, sondern gierig auch noch mich in Frankfurt. Und ich tat ihr denn auch den Gefallen und Bescheid mit einem fast im Übermaße vornehm herausgenäselten »Je suis la mère de Goethe!«

Obwohl ich, ach was, doch gar nicht Französisch kann. Sondern nur Frankfurter Rippchen mit grüner Soße, ei, die hab ich ja der Madame dann natürlich halt gebe müssen, wenn sie mich also schon heimsuchen dud.

Einem Gerücht und einer Legende möchte, nein muß ich hier zum Beschluß meiner Kleinmemorien doch trotz aller Originalität und Legendenfreudigkeit und Mythenrankerei rund um meine bescheidene Person entschieden entgegentreten. Das Frankfurter Spottgedicht, wie es heute sowohl in den PR-Broschüren der Stadt als auch speziell in der einschlägigen Apfelweinreklametätigkeit immer wieder gern gehört Verwendung findet, das Gedicht

»Die Frau Rauscher
aus der Klappergaß
die hat e Beul am Ei.
Obs vom Rauscher,
obs vom Alte kimmt,
das klärt die Polizei.«

– dieses schöne Gedicht ist, wohl- oder auch übelmeinenden Ondits zuwider, die es als angebl. Reminiszenz an unser Familienleben im Hirschgraben erachten, *nicht* von mir. Noch von meinem Sohn noch von der Liesl Christ noch von meiner Freundin, der Frau Erna Rauscher selber.

Sondern m. W. vom Schiller.

O Mädchen
mein Mädchen
Friederike

»Auf einem lüderlichen Tanzboden«, so schreibt, lese ich, mein vormaliger Geliebter Johann Wolfg. Goethe (1749–1832), begann seine Liebe zu mir, Friederike Brion (1752–1813), der damaligen noch recht jungen und inzwischen aber leidlich weltbekannten Pfarrerstochter aus dem unterelsäßischen Sesenheim nördlich von Straßburg, und damit, wie der viel spätere Biograph Heinrich Meyer (Goethe. Das Leben im Werk, 1948/94, Seite 109) sich zu erinnern vermeint, eine richtig »romantische Geschichte«. Soweit stimmt das schon, und deshalb steht heute dort im jetzt französischen Ses(s)enheim auch ein Goethe-Friederike-Museum. Nur war das Wort »romantisch« damals noch nicht so in Gebrauch wie jetzt, wo man sogar auf romantischen Straßen von Augsburg über Würzburg und Heidelberg in unser liebes Elsaß fahren soll, um auf den Fußspuren Friederikes zum Höhepunkt des, wie ich höre, jetzt abermals mit aller Gewalt ausgebrochenen Goethejahrs 1999 auch noch unsere damalige Amoure oder Tändelei oder meinswegen von mir aus auch Leidenschaft in irgendeinem Romantik-Pleasure-Hotel-garni nachzubetreten mit assoziiertem Disco-Lovestory-Tanzboden; wo dann auch, sofern mir das richtig mitgeteilt wurde, ein Consortium aus drei führenden deutschen Goetheverlagen mit Hilfe des Fernsehens (3. Programme, auch das französische Elsaßprogramm in Deutsch) diese unsere, d. i. Goethes und meine zu Anfang Oktober 1770 begonnene und nach einem Dreivierteljahr schon im August 1771 abrupt zuende gegangene Liebe, soweit sie in Johann Wolfgangs »Sesenheimer Liedern« von 1771 noch nachprüfbar und vorrätig ist, im Zuge eines Aufsagewettbewerbs im neuen »Poet-Tanzschuppen-Disco-Funpower« (TV- und Radioprogramm-Jahresvorschau '99) noch einmal und besonders ausgiebig zu würdigen nicht ansteht; was dann alles auch von einer Goethe-bytes der Deutschen Welle (DW) übertragen und ins ganze Land hinein ausgestrahlt wird. Ich selber sollte ursprünglich für diese mir nicht recht begreifliche Sache so eine Art Conference oder auch Grußbotschaft sprechen; habe das aber dann doch verweigert, übrigens auf den entschiedenen Rat von Herrn Journalrat Eckh. H. aus A. hin, der mir statt dessen dringend anempfahl, doch lieber auf seine eigene Jubiläumsbuchedition hin einen so möglichst unterhaltsamen wie notfalls wissenschaftlichen Beitrag abzuliefern. Dem bin ich, wie man sieht, gern gefolgt.

Nun also, gut, es begann die Liebe vom Goethe zu mir im Oktober 1770 und tatsächlich auf einem liederlichen Tanzboden. Ich war da mit meiner Schwester Sophie dort, aber Goethe, also der tanzte da wirklich sehr artig und zum Teil sogar ganz wild, mit seinem Jurastudium wollte es zwar nicht recht vorwärtsgehen, dafür um so besser mit dem Tanzen, Goethe war wohl auch ein ganz gewandter Schlittschuhläufer und fast Virtuos, tanzen aber tat er mit ganz leuchtenden Backen und strahlenden Augen, so als wollte er sein ganzes, wie er schimpfte, dummes Jurastudium hier und heute mit einem Schlag vergessen. Alors, weißgott, mich reute und reut es auch heute noch nicht, denn schön und prächtig, mon Dieu, war er, »dieser ausgezeichnete Mensch Herr Goethe«, wie ihn Herr Jung-Stilling, den ich dann bald auch kennenlernte, in seiner vielgelesenen Lebensgeschichte über diese erste Straßburger Zeit zusammenfaßt. Von mir selber ist leidergottes kein richtiges schönes Bild erhalten; das auf der Silberstiftzeichnung von Tischbein bin gewiß nicht ich, da schaue ich doch viel zu ernst drein; fast immer wurde ich sodann (siehe: Franz Neubert, Goethe und sein Kreis, 1919) ja nach dem

Bilde modelliert, welches Goethe von mir im 10. und 11. Buch seiner Autobiografie vorstellt, also fürwahr als »ein allerliebster Stern an diesem ländlichen Himmel« seitlich von Straßburg, mit den »nettsten Füßchen bis an die Knöchel sichtbar« und einem »knappen weißen Mieder und einer schwarzen Taffetschürze – so stand sie auf der Grenze zwischen Bäuerin und Städterin«.

Mais oui, je le veux bien: Ich gebe zu, daß ich diesen Eintrag in meiner halb bäuerlichen, halb städtischen Eitelkeit in »Dichtung und Wahrheit« selber noch sehr gerne gelesen hätte. Aber leider verstarb ich ein Jahr vorher in Meißenheim am 3. April 1813, ledig geblieben gleich meiner Schwester Sophie und nicht durchaus erfolgreich zuletzt mit allerlei Töpfergut handelnd, wie meine momentan jüngste Biographin, Astrid Seele (Frauen um Goethe, Reinbek bei Hamburg, 1997, S. 18), mit Recht beklagt. Sub specie aeternitatis und im Angesicht der höheren Gerichtsbarkeit und der längst mich freundlich umhüllenden Ewigkeit kann ich immerhin hiermit bestätigen und aktenkundig machen, daß alles soweit ganz getreulich wahr ist, was Goethe da schreiben mochte, auch das mit den »gewaltigen blonden Zöpfen des niedlichen Köpfchens« (sie waren recht kunstvoll und hatten sogar zumeist Schleifchen dran und fielen mir überaus dekorativ den ganzen Rücken herunter) – und auch dies stimmt wohl: »Das artige Stupsnäschen forschte so frei in die Luft, als wenn es in der Welt keine Sorge geben könnte; der Strohhut hing ihr am Arm« – also, ich finde es ausgesprochen nett und civil von dem Goethe, daß er das nach vierzig Jahren alles noch so akkurat weiß, und auch seinem zusammenfassenden Gesamteindruck dieser meiner

»ganzen Anmut und Lieblichkeit«

will ich hier in aller dieser ländlich-städtischen Bescheidenheit gar nicht widersprechen. Und meine Seelenfreundin Frau Astr. Seele schreibt es auch auf Treu und Glauben einfach ab.

Und wenn dann allerdings in der Folge solcher Eröffnungen

ganze Heerscharen von Goethekennern ins Elsaß fuhren, um alles, alles, alles zu überprüfen und vermeintliche Spuren zu suchen; wenn im Lauf der Zeit neben der ohnehin maßlos wuchernden Goethe-Philologie auch noch eine (que c'est drôle!) richtige Friederikeforschung entsprang, so finde ich dies in all meiner bescheidenen demiländlich pfarrerstöchterlichen Zurückhaltung doch sehr berechtigt und très légitime – und schon deshalb aber Stephan Leys Monographie »Goethe und Friederike« als »Versuch einer kritischen Schlußbetrachtung« von 1947 gar zu vorschnell und übereilt; auch wenn es schon irgendwo stimmt, daß selbige Forscher ja betrüblicherweise nicht so gar viel zu forschen hatten, nachdem Goethes ca. 30 Briefe an mich, Friederike, von meiner eigenen Schwester verbrannt worden waren. Heute tut es uns beiden, Sophie und mir, natürlich recht leid. Das wäre ein Geschäft gewesen! Kein Vergleich mit diesem törichten Töpferhandel!

Freuen indessen möchte es mich schon, daß ich im Zuge dieser ganzen Friederikeforschung fast immer ziemlich gut wegkomme, noch besser sogar als jenes Fräulein Käthchen Schönkopf, mit dem der Goethe vier Jahre vorher in Leipzig und aber »unter seinem Stand« (Horn an Moors) sich eingelassen haben soll. Ein- und absehbar aber war dieser (so höre ich) Wirtstochter ein Goethe natürlichermaßen gar nicht erreichbar: »Das gute Fräulein betrügt sich« (ebd.). Ganz anders natürlich ich, die prächtige Pfarrerstochter! Und wenn heute also der Goethebiograf Heinrich Meyer schon auf Seite 8 sich stellvertretend für viele in die Brust oder Bresche wirft und dabei auch die Vermutung vorlegt: »Das wäre doch eine nette Frau für ihn gewesen« –

– dann kann ich nur sagen und dem akkordieren: En effet! Allerdings warf Goethe, wie ich heute weiß, vielleicht ursprünglich gar nicht so sehr auf mich ein Auge, sondern vielmehr auf unsere gesamte Familie Brion; auf das Pfarrhaus, welches ihn wohl (doch, das findet sich in seiner für 1999 auch vom französischen RAF-Fernsehen verfilmten Autobiografie) an jenes des damals gern- und vielgelesenen »Vicar of Wakefield«-Romans von Alwin Goldsmith erinnerte und entsprechend »anmachte«, wie man in meiner Jugend im überaus ländlichen Elsaß sagte. Aber bald wandte sich das Interesse dann doch noch mehr mir zu und meinen gewaltigen blonden Zöpfen und meiner berühmten Stupsnase, und sehr bald – und für die Goethe-Philologie so erfreulich und folgenreich! – kam es dann auch zu gewaltigsten Goethegedichten, also zum Beispiel – écoutez donc s'il vous plaît, hören Sie doch da mal bitte hin auf ce magnifiquen Beginn von »Willkommen und Abschied«:

»Es schlug mein Herz, geschwind zu Pferde!
Es war getan fast eh gedacht.
Der Abend wiegte schon die Erde,
Und an den Bergen hing die Nacht;
Schon stand im Nebelkleid die Eiche,
Ein aufgetürmter Riese da,
Wo Finsternis aus dem Gesträuche
Mit hundert schwarzen Augen sah.
Der Mond von einem Wolkenhügel
Sah kläglich aus dem Duft hervor,
Die Winde schwangen leise Flügel,
Umsausten schauerlich mein Ohr;
Die Nacht schuf tausend Ungeheuer –«

– et ainsi de suite: Also, das war doch jedenfalls schon mal was ganz anderes als dieses »anakreontische Gegängel« (Dichtung u. Wahrheit 7. Buch, Hamburger Ausgabe B. 9, 272) jener Leipziger »Annette« (d.h. Käthchen Schönkopf)-Lyrik oder gar als solche einschläfernden Sesenheimer Kirchenväterlieder von meinem Herrn Vater längst selig – und schon braust es aber bei Goethe höchst furieusement weiter:

»Doch ach, schon mit der Morgensonne
Verengt der Abschied mir das Herz:
In deinen Küssen welche Wonne!
In deinem Auge welcher Schmerz!
Ich ging, du standst und sahst zur Erden
Und sahst mir nach mit nassem Blick –«

– das war's doch! Das war Rhythmus! Das war doch – ungeachtet aller »Bildwidersprüche, von denen es im Gedicht wimmelt« (H. Meyer) jener geniale New-Wave-Sound, jener moderne Rhythmus, nach dem ganz Deutschland damals dürstete und das Elsaß dazu und unsere auf den liederlichen Tanzböden herumhängende Sesenheimer ledige Jugend zumal! Und schon nimmt es neuen letzten Anlauf und steigert sich hoch zur Klimax der Schlußverse:

»Und doch, welch Glück, geliebt zu werden!
Und lieben, Götter, welch ein Glück!«

Mich überläuft's, möchte ich da heute noch beim Wiederlesen meinen, gedenke ich dieses damaligen Abschieds im August 1771, gedenke ich heute wieder einmal seiner, Goethes, edlen Gestalt und seiner Stimme Gewalt! Und dann erst: sein Händedruck, und, ach, sein Kuß!! – ach ja, ich glaube eigentlich schon, daß Goethe, jenes frühe Frankfurter Gretchen und dann jenes Käthchen Schönkopf und das hochheilige Fräulein Susanna Katharina Klettenberg in Ehren, erst bei mir in Sesenheim erstmals jenes höchste Gefühl des weiblich ihn Hinanziehenden erlebte und verspürte und dann schon über die Maßen schön und charmant aufs Papier zu plazieren vermochte. Auch wenn bereits der 19jährige Goethe laut seiner Schwester Cornelia Tagebuch vom Okt.–Dez. 1768 mordsmäßig klug Bescheid zu wissen vermeinte:

»Diese Grazie und diese Anmut« der Frankfurter Mädchen

nützten ihnen und ihm gar nichts, weil: »Was nützt mir die Schönheit, wenn sie nicht von jener unendlichen Süßigkeit begleitet ist, die uns viel mehr entzückt als die Schönheit selbst« (siehe Bode, Goethe in vertraulichen Briefen seiner Zeitgenossen, I, 14) – bien, ich, Friederike, schmeichle mich tatsächlich der Hoffnung, daß ich, Friederike, erst es war, welche ihm solche unendliche Süßigkeit bescherte (und umgekehrt, ha!) – jawohl, jener, der da noch von Leipzig aus an seinen sogenannten Beichtvater Ernst Arthur Behrisch am 10.11.1767 und jenes impertinente Käthchen betrefflich schreibend schrie und tobte: »Behrisch, verflucht sei die Liebe« und bald auch in einer berühmten Ode deshalb von jenem Freunde Wolfgang Behrisch forderte: »Sei gefühllos!« (gerade weil Goethe damals, so Heinrich Meyer, S. 86, partout »die Raserei wollte« bzw. weil Goethe im genannten Brief an Behrisch auch noch dies geschrieben hatte: »Das Blatt muß diesen Abend noch voll werden« – kennt sich da, mein Seel, einer noch aus??) –

Kurzum, es war alles in allem schon recht gut, daß er, Goethe, allschon drei Jahre später unter meine pfarrhäuslichen Fittiche kam und geriet, auch wenn er mich dann ja bald schon wieder floh und, wie er selber zugab, dabei »zum erstenmal schuldig« (Dichtung und Wahrheit) wurde. Allein, schon in seinen späteren Überlegungen über »Wiederholte Spiegelungen« – in diesem Fall zwischen dem Friederike-Erlebnis und den viel jüngeren Divan-Gedichten – thematisiert Goethe »ein Phänomen der Entopik, das Goethe 1823 symbolisch auf seine Sesenheimer Erfahrungen bezieht, welche ›das Vergangene nicht allein lebendig erhalten, sondern sogar zu einem höheren Leben emporsteigern‹«. (D. Borchmeyer, Weimarer Klassik, Weinheim 1994, Seite 512).

Also, wenn Sie mich fragen: So ist es. Und wenn Goethe andererseits irgendwo sagt, sie, Friederike, habe »ihn schöner geliebt als er es verdiente«, oh, dann stellt sich naturellement et sans doute schon nochmals die Frage, die sich u.v.a. der Psychologe Theodor Reik (in: Imago 15) schon 1929 und kurz nach Ausbruch der Weltwirtschaftskrise von 1929 stellte: »Warum verließ Goethe Friederike?« Allein Rinks Antwort auf seine eigene Frage gefällt mir nicht, nein, die gefällt mir gar nicht: daß nämlich Goethe bei mir wie bei seinen anderen Liebschaften »unter der Gewalt eines Wiederholungszwanges im Sinne Freuds« gestanden habe! Also, diese Stelle bei Freud würde ich nur zu gern mal genauer wissen! Aber Reik weiter:

»Es ist dasselbe typische Erlebnis, das die Beziehungen des jungen Goethe zu Frauen bestimmt: eine heftige stürmische Verliebtheit, eine Periode der Qual und des Schwankens und schließlich die Flucht vor dem Liebesobjekt. Starke sexuelle Impulse drängen vor und verlangen gebieterisch Befriedigung: ein stärkeres Verbot läßt sie nicht zu; der psychische Konflikt steigert sich, bis er in Verzicht ausgeht.«

Was das letztere angeht, voilà, darüber möchte ich hier und heute doch lieber den Mantel der Diskretion breiten. Möchte aber doch sagen und darauf hinweisen, daß dieser Reik von Poesie und Poetik schon rein gar nichts versteht! Etwas besser gefällt mir da wieder, was der Friedrich Gundolf (Goethe, Berlin 1916) bereits 13 Jahre vorher und mitten im Krieg zu Papier gebracht hat:

»Die Liebe ist in Goethe immer früher da als die Geliebten,

wie das Singen früher ist als die Gesänge. Goethe hat nicht die Friederikenlieder gedichtet, weil ihm Friederike begegnet ist, sondern weil Friederikenlieder in ihm schwangen, hat er die Friederike gesehn.«

Närrisch, was? Curieux, quoi? Aber wissen Sie was? Gerade das gefällt mir am Goethe und gefiel mir schon damals. Wie die Lieder in ihm schwangen. Hin- und wiederschwangen. Oder baumelten. Und weil diese aber so großartig waren, so konnte es denn auch nicht ausbleiben, daß sie viel später sogar noch in ein Singspiel eingingen und ich dazu. Nämlich aus der Hand des damals berühmtesten Operettenkomponisten Franz Lehár:

In dem weltberühmten Singspiel in 3 Akten von 1928 »Friederike« komme ich als Hauptperson (noch *vor* Goethe!) und nämlich als Titelfigur auch vor; nämlich als von Goethe so genanntes »Riekchen« (nach meiner Erinnerung rief er mich aber in Wirklichkeit immer Rieckgen oder auch Ricki oder sogar Fritz oder dgl.); wobei die beiden Singspiel-Textdichter Ludwig Herzer und Fritz Löhner beim Paradestück Goethes, nämlich der Arie

»O Mädchen, mein Mädchen
Wie lieb ich dich!
Wie blickt dein Auge!
Wie liebst du mich!«

nach dem gleichfalls recht bekannt gewordenen Goetheschen »Mailied« (»Wie herrlich leuchtet ...«) sogar meines Erachtens noch besser dichten als der längst verstorbene Goethe selber: Weil sie nämlich z.B. aus dessen »blickt« ein »leuchtet« gemacht haben, insofern nämlich das der Richard Tauber sodann besser singen konnte (Tenor); und das folgende

»Du Blümlein auf dem Feld
Bist mein alles auf der Welt«

haben sie einfach dazugedichtet. Gleichzeitig legen sie mir auch das viel spätere Goethegedicht (1796) in den Mund: »Ich denke dein, wenn mir der Sonne Schimmer vom Himmel strahlt« (statt wie bei Goethe etwas verstörend »vom Meere strahlt« – bei Straßburg hat es aber kein Meer) – und Goethe antwortet alsdann in diesem exzellenten Singspiel prompt mit

»Liebe schwärmt auf allen Wegen –«

– na freilich, da ist wirklich alles drin, Kraut und Rüben, Son et Lumière, Hèque et Mèque: irgendwie noch poesievoller und dichterischer und jedenfalls dichtgedrängter als beim Goethe; und in der tollen Finalnummer mixen Herzer und Löhner mir zum Lohn ganz herzhaft auch noch das Heideröslein und Goethes Mondlied mit darein:

»Ich besaß es doch einmal,
Was so köstlich ist [...]
O wonnevolle Zeit,
Wie bist du, ach, so weit!
Jetzt singt ein Vögelein
Im Nachtigallenhain:
Vorbei! Vorbei! Vorbei!«

Ja, leiderleider. Passé, wie man heute in Sessenheim-Neuf sagt. Super aber auch die erste Szene mit dem Chor der Studenten: »Tralalalala! Die Mädels sind zum Küssen da!« – und genau so hielt es auch Goethe, jedenfalls schreibt er in seinen Memoiren, er habe mich da also geküßt, genauer, er sei »grenzenlos glücklich an Friederikes Seite« gewesen und habe darum auch nicht angestanden, nach all den Pfänderspielen, Umtrünken und Tanzereien »meine so zärtlich Geliebte recht herzlich zu küssen« (D.u.W., 11. Buch). Ah, oui, eine tolle Ehrung ist das für mich und Goethe, bei Lehár dann so hervorgehoben zu werden, manchmal muß ich ja wirklich weinen, wenn ich es höre und sehe (jetzt taucht es auf unseren Bühnen betrüblicherweise schon seltener auf, das Singspiel). Besser gefällt mir eigentlich nur noch das Singspiel »Alt-Heidelberg« von Wilhelm Meyer-Förster und von 1902 und besonders der berühmte Satz darin, den die Käthie zu dem Karl Heinrich sagt und richtig ausstößt: »Karlheinz, verlaß mich net!« – also praktisch dasselbe schwere Los wie ich; im Spätsommer war es dann ja auch aus zwischen uns, es erfolgte die vielfach verurteilte »Flucht« Goethes, und Goethe schreibt es ja auch ein paar Jahre später sehr schön und richtig an seinen Freund Johann Erwin Kestner: »Es waren peinliche Tage, deren Erinnerung mir nicht geblieben ist. Als ich ihr die Hand noch vom Pferde reichte, standen ihr die Tränen in den Augen, und mir war sehr übel zu Mute.«

Das mit den Tränen stimmt, stimmt genau – es war ganz genau wie bei dieser Heidelberger Wirtstochter und ihrem untreuen Husaren oder Studenten oder was. Da muß ich auch immer wei-

nen, da wäre ich auch gern drin vorgekommen. »Karlheinz, verlaß mich net« – ach, mich überläuft's erneut!

Meines Erachtens hat der Goethe auf seinem stolzen Pferd da droben aber auch die Kullertränen mit dem Ärmel weggewischt. Ich hab es wohl gesehen.

Ah oui, er war ein schöner Mann auf seinem Roß hoch da droben, ich aber mit diesen dicken Zöpfen und dem elsässischen Häubchen samt Halsband und zart umwandeter Schulter, wie man es dann vor allem um 1900 herum auf der millionenfach reproduzierten und kopierten Federzeichnung alles so schön zusammen sieht: Ich hab mir schon auch selber recht gefallen. Und ich kann den Studiosus und vornehmen Herrn aus Frankfurt schon durchaus verstehen, daß er sogleich tout de suite ein Auge auf mich geworfen hat, damals, auf dem, meiner Treu, lüderlichen Tanzboden. Recht altklug schrieb er, der Monsieur, dann schon im August 1767 an seine damalige Schwester Cornelia, daß »doch alle Menschen, von Adam biß zu mir, überzeugt gewesen sind, es gebe nichts hübscheres auf der Welt als die Figur des Weibes«. Nun also, gesehen hatte er bis dahin wohl noch nicht viel davon, das Käthchen (was gemeint sein könnte) war für mein Dafürhalten ein bißchen zu pummelig, haha, die Schwester selber zu dürre und die Mutter viel zu alt – nun, also es ist letztendlich schon so, wie dieser Gundolf z.B. und dieser etwas allzu wichtigtuerische Psychoanalytiker Reik im Sinne der C. G. Jungschen Animalehre alle mehr oder minder einheitlich wähnen: daß mich der Goethe treffen mußte, mich, Friederike von Sesenheim, einfach weil er mich treffen wollte, nämlich weil er mich halt vorausgeahnt hat. Auch eben meine »Figur des Weibes«. Und ich hatte, in aller pastoralen Bescheidenheit, eine recht nette, nein eine richtiggehend tolle sog. sexy Figur, er, der Goethe, auch und umgekehrt, ich hab es sogleich beim ersten Tanz verspürt, und ich gebe es hiermit also noch einmal und une fois pour toutes und verbindlich für alle folgende Friederike-

Philologie gern und ungeschmälert zu: Gewiß doch, ich mochte ihn sofort gut leiden; ich habe ihn, was gilt's, durchaus geliebt; ich glaube und hoffe sehr, ich habe ihn schon recht sehr geliebt.

Denn niemand anderer als ich war doch auch, wie Nicholas Boyle (Der Dichter in seiner Zeit, B. 1, München 1995) zusammenfaßt, umgekehrt für den Straßburger Goethe »im Blütendampfe die volle Welt«. Schön gesagt, mon Dieu, weißgott. Ja, so schön konnte der oft auf Anhieb daherreden, schon der noch junge Monsieur Goethe.

Um jedoch der alten Gretchenfrage hier nicht gänzlich auszuweichen: Beim recht herzlichen Küssen, wie der Goethe täuschelt, ist es nach meinem Dafürhalten nicht lange geblieben. Obwohl, zum Äußersten ist es wohl doch nicht gekommen. Embrasser: oui, baiser: non. Gebusselt hat mich der Goethe wohl. Aber gebousselt meiner Erinnerung nach nicht.

Oder höchstens drei- bis viermal.

Und deshalb tut's mir eigentlich schon recht leid, daß die Schwester dem Herrn Goethe alle seine Briefe verbrannt hat. Tät ich sie doch sehr gerne heute wieder mal lesen wollen, alle 30 Stück. Es schlägt mein Herz so richtig geschwind bei dem Gedanken.

Und darum: daß Goethe, wie er selber schreibt, an mir »zum erstenmal schuldig geworden« ist – das glaube ich eigentlich nicht, und ich exkulpiere ihn hiermit feierlich; schon wegen dem Singspiel »Friederike«. Daß er »sicher Gewissensbisse« (Heinrich Meyer, a. a. O., S. 8) empfand, daß ihn vorher schon sein allzu »leidenschaftliches Verhältnis zu Friederike nunmehr zu ängstigen anfing« (Dichtung und Wahrheit, 11. Buch) – das allerdings geschieht ihm ganz recht, das, ha, gönne ich ihm, dem Herrn Großstädter und Lizentiaten und schon bald approbierten Rechtsanwalt! Ob es hier und auch später bei Goethe freilich wirklich immer das Schema sein mußte dergestalt, daß immerzu die »Liebe« ein »Werk« hervorbrachte, meist ein Gedicht, das ihn davon wieder »befreite«, als nämlich die »Überwindung« von »Leidenschaft«, ein Schema, welches bei Käthchen bzw. vor allem doch bei mir begonnen und mit einer Marienbader Triologie bei einer gewissen Ulrike von Levkuchen o.s.ä. geendet haben soll –: Ob dieser Gemeinplatz fast zweihundertjähriger Germanistik also wirklich und wahrhaftig stimmt, da – na, da halte ich mich als Laiin und Topfhändlerin doch lieber raus. Und ob auch noch ein »Fluch« auf Goethe lastete, wie meine Freundin Frau Astrid Seele (S. 20) im Gefolge von Goethe selber meint, welcher seinen »Kopf« in Sesenheim sogar auch als eine »Wetterfahne« beargwöhnt, ein Fluch nämlich als tiefe und langwierige und langwährige, fast pathologische Bindungsangst –: ich lasse auch das zu Goethens Vorteil hier mal dahingestellt. Weil ich nämlich dem Goethe halt immer noch recht gut bin. Und weil ich doch auch gut verstehen kann, daß so ein ländlich keuscher Pfarrhof (Goethe hat ihn ganz hübsch rötelgezeichnet) und selbst ein so lüderlicher Tanzboden, und wäre er noch so verludert, ihm, dem späteren »faustischen Menschen« (Hans Schwerte), einfach zu enge werden wußte. Und außerdem hat mich, wenn ich z.B. Frau Seele trauen darf, Goethes Dichterfreund Jakob Michael Reinhold Lenz in der Folge doch auch recht schön und artig getröstet ...

Denn so gebrochen, wie es zuerst Goethe und in der Folge die ganze Welt insinuierten, war mein Herz nun auch wieder nicht.

Der Goethe aber hat mich auf seiner zweiten Schweizer Reise in unserem Sesenheimer Pfarrhaus im September 1779 nochmals aufgesucht; und er schreibt darüber zierlich dann auch im Brief an seine nachmalige Freundin Frau von Stein. Zum Beispiel dies, daß ich mich dabei »vom ersten Augenblick allerliebst mit soviel herzlicher Freundschaft betrug«, nachdem er, Goethe, »ihr unerwartet auf der Schwelle ins Gesicht trat und wir mit den Nasen aneinander stießen, daß mir's ganz wohl ward«. Und das, berichtet er weiter, obwohl er mich 1771 damals »in einem Augenblick verlassen« hatte müssen, »wo es ihr fast das Leben kostete«.

Also, da übertreibt er, mein Ehemaliger, doch recht bzw. hätschelt sich also selber ein bißchen. Allerdings an der Stelle des Briefs, wo das kommt, daß die Friederike ihn »ehmals geliebt, schöner als ich's verdiente«, da hat er dann ganz gewiß unrecht. Denn das stimmt ganz und gar nicht.

Schon wegen seiner netten Gedichte; schon wegen dem Singspiel »Friederike«; schon wegen dem schönen Wort »Herzwehe«, welches er, Goethe, bezüglich auf mich im einzigen erhaltenen Brief (15. 10. 1770) an mich, die »Mamsell«, eingesteht; vor allem aber wegen der Inschrift auf meinem Grabstein in Meißenheim, wie er mir zu Ehren 1866 enthüllt wurde:

»Ein Strahl der Dichtersonne fiel auf sie
So reich, daß er Unsterblichkeit ihr lieh.«

Und vor diesem Hintergrund des schönen Grabsteins kann nämlich die Rahel Varnhagen im Brief an ihren Mann vom 11. Oktober 1815, entzweigespalten zwischen Goetheverehrung und Frauenemanzipationssucht, herumkrakeelen, wie sie mag: »Gestern [...] über Goethe geheult, geschrien, weil mir das Herz borst« – über der Lektüre nämlich der Friederike-Episode in Goethes Lebensbeschreibung – »es, er mußte sie vergiften. Dem hätte sie nicht glauben sollen? [...] Und wie des Mädchens Herz selbst klappte meins krampfhaft zu, wurde ganz klein in den Rippen [...] und laut schrie ich, ich mußte, das Herz wäre mir sonst tot geblieben« –

Usw., usf. Wer's glaubt. Ob da nicht vielmehr sogar auch so ein tiefenpsychologischer Mechanismus waltet und tremoliert, welchen ich hier auf Verdacht und einigermaßen freihändig als substitutive Projektion einer retardierten Stellvertreterversagungspsychose benennen möchte, wie sie sich da als schwerstexpressionistische Postliterarisierung sublimiert?

Ich, das brave und vermeintlich etwas zurückgebliebene Pfarrerstöchterchen aus dem Elsaß, habe nämlich gut zugehört und von meinen nimmersatten psychoanalytischen Exegeten gar nicht wenig gelernt. Denn auch das freilich gehört wohl oder übel zu jenen Spätfolgeschäden der Literatur und Literaturgeschichte, welche ein gewisser Wilhelm Bode schon 1920 in den – wie Goethe, wie ich – kaum minder unsterblichen Buchtitel zusammenraffte:

»Die Schicksale der Friederike Brion vor und nach ihrem Tode«.

Von Wilhelm Bode …

CHARLOTTE

Böse Zungen behaupteten ja und behaupten noch heute, Goethe habe in reifem Alter schon seine div. Weiber und Amanten verwechselt bzw. andersherum: Goethe habe seine sog. Ex-Freundin, die mir als Geliebte vorausgegangene Friederike von Sesenheim, so wenig vergessen können, daß er auch mich auf einem wenn schon nicht liederlichen ländlichen Tanzboden, so doch auf einem ländlichen Tanz und Ball kennengelernt haben wollte. Es trifft zu, daß er das tat, nämlich am 9. Juni 1772. Allerdings ist es m.E. ganz genau umgekehrt: Goethe liebte mich noch viele Jahre später so sehr und innig, daß er (im Brief an meine Namensvetterin, die Frau Stein) schon jene Friederike mit mir durcheinanderbrachte (er war ja überhaupt immer sehr aufgeregt und exaltiert, der junge Herr Lizenziat aus Frankfurt) und auch jene, wie mich, auf einem ländlichen Tanz kennengelernt haben wollte; während es doch (ich habe es insgeheim nachgelesen, und mein Gatte Kestner ist ja längst verschieden) nach der Version von »Dichtung und Wahrheit« damals zu Sesenheim keineswegs auf einem Tanzboden gewesen war, sondern im – Pfarrhofe selber!

So sehr, ja, liebte mich dieser Herr Goethe offenbar und immer noch, daß ihm noch Jahre später alles »am endlichen Ende doch Lotte u. Lotte u. Lotte u. Lotte, u. Lotte, ohne Lotte nichts« war (so Goethe in einem Brief vom 26. Aug. 1774, beinah zwei Jahre nach der schmerzhaften Separation und Beendigung seiner Leidenschaft mit aller Gewalt durch Flucht aus Wetzlar, leider ohne Abschied, doch ich verzeih's dem guten Mann, daß er so rücksichtsvoll an mir getan und sich nicht gleich Werther sofort maustot geschossen ...) und er also gewissermaßen zurückdenkend in jedem Weibe gleichsam Lotte-Lotte-Lotte wähnte.

Ich kann ihn gut verstehen. Ich muß damals so unwiderstehlich gewesen sein, daß Goethe mich noch zwei Tage vor jener berühmten Flucht als »goldne Lotte« brieflich umgarnte: »O liebe Lotte seit ich Sie das erstemal sah, wie ist das alles so anders, es ist noch eben diese Blütenfarbe am Band ...« (8.10.1772) usf. –

Und abermals fällt auf jene seltsam sonderliche Ähnlichkeit mit dem angeblich der Sesenheimer Pfarrerstochter zugedachten und zuvermuteten Gedicht »Willkommen und Abschied« und seiner herrlichen berühmten Zeile vom »rosenfarbnen Frühlingswetter«. Ich will nicht unbescheiden sein, aber beinah möchte es mich abermals bedünken, daß auch dieses Gedicht in der Wirklichkeit schon mir zubeschieden war. Und wenn das aus Datierungsgründen nicht geht, dann hat es der Herr Goethe gewissermaßen halt in einer Prospektionsprojektion mir als eigentlicher Adressatin zugeeignet.

So wie er dann später eben meinte, in der Frau von Stein (aus Vor-Namensgleichheit?) die Schwester und Mutter sehen zu müssen, obwohl er da vielleicht ebenfalls ja noch mich gemeint hat. So wie er mich eben als Werthers Lotte dann umgekehrt als den kleinen Geschwistern – mütterlich! – brotschneidende Mutterschwestergeliebte vorstellte, siehe dazu auch den wunderbaren Stahlstich von Johann Leonhard Raabe nach einer Zeichnung von Wilhelm von Kaulbach aus dem Jahr 1859 (Goethe-Galerie München 1857–1864). Und so wie Goethe noch am 31.8.1774 aus Langen bei Frankfurt an das »herzelieb Lottgen« (der Unverschämte! Ich war seit dem 4.4.1773 längst Kestnern vermählet!) schreibt: »Ich mögte dich doch sehen den Buben« – meinen ersten – »aufm Arm«. Denn nämlich »hab ich dich doch auch lieb«.

»Auch«! Und dann noch sinnverwirrender: »Küss mir den Buben.« Hach?! –

Genug, tatsächlich also lernte mich der Herr Advokat Goethe am 9. Juni 1772 auf einem Ball auf dem Lande kennen, einem Ball in, so weit ich mich erinnere, Volpertshausen bei unserm Wetzlar, wo dieser Goethe seit Mai am dortigen Reichskammergericht sich meines Wissens mehr oder weniger notdürftig betätigte, mein späterer Mann, Johann Christian Kestner, war dort wohl ebenfalls irgendwie zugange, als meines Dafürhaltens hannoverscher Gesandtschaftssekretär, wir waren zwar schon verlobt, allein ich hieß damals noch Charlotte Sophie Henriette Buff und ich war also die zweitälteste Tochter der elf noch lebenden Kinder meines Vaters, eines verwitweten Amtmanns im Deutschherrenhaus – – – ja, also dieser Volpertshauser Ball ist ja dann als Szenarium im »Werther«-Roman Weltliteratur und leidlich berühmt geworden – – ja, ich erinnere mich ganz gut, Goethe (anders als Werther) tanzte wie verrückt, schon wie der Lump am Stecken, linksrechts, wie Georg Büchners Tambourmajor mit Marie, Goethe war ja zuvor auch schon wohl Stadtmeister im Schlittschuhtanz in Frankfurt auf dem Maine gewesen – – und jedenfalls schon kurz darauf hatte mein Kestner (undatiert) Grund, in sein Tagebuch hineinzuschreiben:

»Nachher und wie ich meine Arbeit getan, geh' ich zu meinem Mädchen, ich finde den Dr. Goethe da [...] Er liebt sie, und ob er gleich Philosoph und mir gut ist, sieht er mich doch nicht gern kommen, um mit meinem Mädchen vergnügt zu sein. Und ich, ob ich ihm gleich recht gut bin, so sehe ich doch auch nicht gern, daß er bei meinem Mädchen allein bleiben und sie unterhalten soll« (cit. nach Seele, a. a. O., S. 27).

Ja, natürlich, ich dächte schon, auch ich memoriere die heikle Szene genau, und Kestner schildert sie dabei in seinem Tagebuch noch fast diplomatisch. Denn zwar ist richtig, daß sich auch er und Goethe irgendwie recht gut waren (ich glaube, man nennt das seit der Zeit »Wahlverwandtschaften« nach der Molekülvermischungs-Chemie), allein es sähe sich im Irrtum, wer da nun wähnen möchte, daß in Kestnern das Gefühl der Freundschaft jenes der heftigen Eifersucht leicht aufwöge und unschädlich gemacht hätte – ich möchte vielmehr stark meinen, daß er, mein Herr Verlobter, damals im heute sogenannten Lottezimmer (im Haus meines Vaters, des Amtmanns Buff) heftiger noch als vorher auf dem ansonsten doch recht ennuyierenden Volpertshausener Ball rechtschaffen bis aufs Blut gereizet war und, wie mich dünkte und noch heute – Ende Oktober 1816, ein paar Tage nach meiner Wieder-Heimkehr aus Weimar – dünkt, er sogar im lodernden Zorn den Arm wider den Herrn Praktikanten erhob.

Der im übrigen, hier täuscht sich Kestner oder jemand hat ihn getäuscht, meines Wissens gar kein ordentlicher und richtiger »Dr. Goethe« war. Sondern m.W. nur ein promovierter Licentiatus Juris. Also sozusagen nur ein halber – oder, wie im Österreichischen ganz üblich, eigentlich gar kein richtiger. Nun, ein Schelm, ein rechter Hallodri war der Herr Gerichtspraktikant also wohl doch; zwar »ein gutherziger, muntrer Mensch«, wie ihn Herders Braut Karoline Flachsland am 21.3.1772 im Brief an ihren Verlobten ihrerseits nannte (Bode I, 20), aber eben auch »viel zu leicht und spatzenmäßig«. Nun denn freilich, das konnte man auch ein halbes Jahr später in Wetzlar noch immer sagen: Zwar kein »schellenlauter Tor«, wie es im 1. Teil des »Faust« einmal heißt (ich habe insgeheim viel nachgelesen), und schon gar nicht, wie Friedrich Heinrich Jacobi in schon verblendetem Haß urteilen zu müssen meint, ein »ekelhafter« und »aufgeblasener Geck«. Allerdings auch mitnichten »der ärmlichste von allen Erdensöhnen« (so Faust über Wagner, den studierten Esel), sondern (ah, wie siegessicher er mich oft ansah, obzwar er wußte, daß ich ja kaum nachgeben würde!) vielleicht konnte und kann man es am allerbesten mit dem gewagten

Wortspiel sagen, welches sein Freund Herder lt. »Dichtung und Wahrheit« (10. Buch) über ihn, Goethe, prägte:

»Der von Göttern stammt, von Goten oder vom Kote« –

– und das war nämlich damals auch beim 23jährigen Goethe nicht so ganz klar; und obschon er seinen »Frankfurter Zustand« (Dichtung und Wahrheit, 10. Buch) bei seinem Wetzlargastspiel schon en passant hinter sich gebracht hatte und bereits ein Jahr später mit seinem (ich komme selbstverständlich auf ihn zurück) Debutroman einer der bekanntesten deutschen, ja europäischen Autoren werden sollte, nämlich oft tatsächlich kaum auseinanderzuhalten. Und wenn Sie mich also heute vor dem Hintergrund dieser möglichen und prächtigen Zukunft an seiner, Goethens, Seite directement fragen, ob ich ihn nicht doch anstatt Kestnern hätte nehmen sollen, ja, hätte ich's gewußt, wohl auch schleunigst genommen und geehelicht hätte, dann, –

dann – – – weiß ich es noch immer nicht! Und kann mit seiner viel späteren Heldin Iphigenie nur in den halbherzigsten Abschied »Leb wohl« einstimmen, oder noch akkurater in den Schlußseufzer der Alkmene im Lustspiel des von Goethe ja nicht sehr geschätzten H. v. Kleist: »Ach« – – –

Ach – ach – ach.

Womit ich aber nicht sagen will, daß Goethe ein Titelschwindler war, und schon gleich kein ordinairer Heiratsschwindler. Sondern er meinte es ja insgesamt wohl ja durchaus ehrlich, der aufkommende Herr Groß- und Centenardichter, ha! Und damit basta!

Sondern er floh alsbald ja aus Wetzlar. Und Kestners Brief (18. 11. 1772) hat vollkommen recht, daß Goethe »in Ansehung Lottchens« (das bin natürlich ich) »alle Hoffnung aufgeben mußte«.

Ob ich ihn allerdings dabei immerzu wirklich ganz so »kurz gehalten« (Kestner) habe?! Weiß man's – –!?

Ich ließ ihn schließlich schweren Herzens fahren und ziehen,

den Goethe, obwohl er viel besser tanzte als Johann Christian und obschon es zweifellos so schien zeitweilig, als ob er diesen kaum minder lieb hätte als mich und der Abschied nach der sog. Flucht am 11.9.1772 (ich weiß es noch wie gestern) von Albert ihm kaum minder schwer gefallen als von mir. Aber mit einer Menage à trois hat das allerdings nichts zu tun. Und manche Biografen und Exegeten (ich habe vieles neugierig nachgelesen) übertreiben die Affair zwar schon auch ein bißchen und spekulativ; aber andere wie Peter Boerner (Goethe, 1964, S.42) untertreiben und unterschätzen mich, wenn sie lediglich von »herzlicher Freundschaft« schon »bald nach der Ankunft« unken. Gott! Goethes Feuerblicke durchbohrten mich da ja sofort wie ein glühend Feuer. Oder jedenfalls wie eine glühendheiße Speerspitze, und ich hatte, ehrlich gestanden, damals auch schon durchaus meine warmglühende Freude daran, mehrere heiße Eisen im Feuer zu haben. Nicht nur auf den Bällen!

Und, was bisher keine Seele weiß, und auch von den Herren (und neuerdings Damen) Lotte-Biografen ist bisher noch keiner draufgekommen: Goethes leidenschaftliche rechte Hand rutschte, während die linke hochaufgereckt ein bißchen gar zu exaltiert führte, schon beim zweiten Volpertshausener Tanz (Polka) wie zufällig von meinem Rücken auf (ich habe genau aufgepaßt) einen bei Damen ganz unaussprechlichen Körperteil hinunter – – –

Dieser kommt aber bei dem im Jahr darauf, 1773, entstandenen Ritterstück vom »Goetz zu Berlinger« an entscheidender Stelle – auch vor …

Und wenn mein Herr Verlobter (Kestner) zu der Zeit an seinen Freund August von Hennings schreibt (ein berühmter Brief, der seither ganze Heerscharen von Germanisten ins Brot gesetzt hat und heute noch zahllose Universitäts-Proseminarteilnehmer hart quält), man habe in dem »Legationsrat Goethe einen der vornehmsten unserer schönen Geister« zu sehen und zu erkennen, so kann ich da meinerseits nur etwas sehr spitz zurückgeben: Tzz – – –

Und auch sein famoser Abschiedsbrief vom 10.9.72 (ich kann ihn beinah auswendig) vonwegen »es ist das letztemal dass ich Sie seh« und »morgen geh ich fort« war ja so serieus nicht gemeint. Der würde, das spürte ich sogleich, schon wiederkommen. Oder wenigstens immer wieder mal Briefe schreiben!

Wenn aber Goethe nun noch im März 1774 tatsächlich also an mich schreibt – Augenblick, da haben wir's: »Liebe Lotte« etc. pp. – hier: »Ich schäme mich, mehr zu sagen. Denn wenn du nicht fühlst, daß ich dich liebe, warum lieb ich dich?« – dann, ja dann – – möchte ich wohl meinen, daß sich hier nicht allein der sogenannte (von mir!) hermetische Erotikzirkel Kestner-ich-Goethe noch einmal und sogar in gehaltlicher Verdoppelung schließen will. Sondern dies »Ich schäme mich« knüpft (ich habe in meinen vielen Freistunden bei der Erziehung meiner vier Söhne sehr lange drüber nachgegrübelt) – es knüpft dieses ominöse, odiose, ja fast obskurantische »Ich schäme mich« sehrsehr verklausuliert an jenen unvergessenen zweiten Volpertshausener Tanz (m.E. ein Slow-Fock) und jene verräterische Bewegung aus der Hüfte heraus und mit dem Standbein wieder an, ja, freilich doch, jadoch, das ist's – –

Denn warum, wieso, weshalb hätte ein Goethe sich dafür »schämen« sollen, daß er mir also, worauf der nicht weniger berätselte Brief vom 26.8.74 aus Langen (die langweiligste Stadt der Welt, ja, da muß man halt einfach Briefe schreiben) schleunigst zu sprechen kommt: daß er, Goethe, also (hier, jawohl, haben wir's) »heut vor zwey Jahren sas ich bey dir fast den ganzen Tag da wurden Bohnen geschnitten biss um Mitternacht und der 28te feyerlich mit Thee u. freundlichen Gesichtern begonnen« – – ei freilich, eben daran erinnere auch ich mich ja gantz genauest und sowie auch freilich daran: daß sich auch und gerade beim Hereinbruch des Geburtstages des Herrn Reichspraktikanten eine ähnlich verfängliche Handverfehlung wie damals in Volpertshausen jetzt ganz gemächlich wiederholen würde, denn Kestner war, wie Albert dann im Wertherromane, gerade neuen Thee oder jedenfalls Wein erneuern holen gegangen.

That sie's? Ich hoffe es – – für mich; und – Goethe.

Nämlich so ganz ohne »alle Hoffnung«, wie jener Herr von sich überaus sehr eingenommene Verlobte Kestner meint, war der fesche und ein bißchen kuriose Dauergast aus der großen Stadt ja keineswegs. O – – – O ja, sie beide, diese beiden Männer hatten ja null Ahnung, welche Leidenschaft in so einer jungen und auch von sich selber bezauberten und aber zum Ersatzmutterdasein früh gezwungenen Provinzpomeranze manchmal lodern und hochflammen mochte, ja, ich gesteh's, schon fast gar zu häufig aufzuckte. Von wegen »Ihr Blick ist wie ein heitrer Frühlings-Morgen« (Kestner über mich im Herbst 1772) sowie: »diese Blütenfarbe am Band« von »herzelieb Lottgen« (J.W. Goethe) und »wir machten miteinander aus, wer zuerst von uns stürbe, sollte, wenn er könnte, den Lebenden Nachricht von dem Zustande jenes Lebens geben« (Cit. nach: Lieber Engel, ich bin ganz dein! Goethes schönste Briefe an Frauen, hrsg. von Angelika Maass, Frankfurt, Unseld-Verlagswesen 1999, S. 85). Naja, haha, das waren beim Goethe natürlich noch die Nachwehen dieses unseligen Frl. Susanna Catharina v. Klettenbacher und dieses gantzen Schönen-Seelen-Zeugs mit Chemie und brav

Mysticism und allg. Frommheit. Jedoch ich – von wegen! Eine richtiggehende Brunst entfackelte sich damals geradezu rasend rasselnd in mir, und da kam mir so ein Hausfreund, so ein richtiger Cicisbeo, naturgemäß grade recht. Wenn nur Kestner nicht andauernd dabeigewesen und zugeschaut hätte und vom Zigarettenholen schon oft gar zu früh zurückgekommen wäre!!! –

Doch genug davon, vielleicht bilde ich mir das alles als längst etablierte »Traumgeliebte« (H. Meyer, a.a.O., S. 152) nicht allein Goethes, sondern ganzer Schwadrone und Battaillone von deutschen Jünglingen und Studienräten nur im nachhinein und angekränkelten Hirns ziemlich ein – was sind wir Frauen nicht einbilderisch und voll von Chimären und Flausen und gar zu schönen Fantasien – zumal wenn man wie ich in der Folge viel zu viel Jean Paul (Hesperus, hah!) gelesen hat. Und zumal dann, wenn man lt. genanntem Meyer wie ich von Goethe nicht nur und nicht allein zur Traumgeliebten, sondern gleich auch noch zum »Symbol« (ebd.) hoch und emporgesteigert wird! Ist es, wenn es da zum Hochmut greift, unserem schwachen Geschlechte zu verdenken?! – –

Im übrigen finde ich mich als Traumgeliebte und »Sex-Symbol« (Münchner Abendzeitung) für ein Top-Model auf der bekannten von Goethe getuschten Silhouette von 1774 eigentlich sogar etwas zu dick geraten – ich habe auch kein Doppelkinn und hatte nie eines, Herr v. Goethe! PS: Das noch bekanntere Pastellbildnis von Johann Heinrich Schröder und von 1782 gefällt mir sodann allerdings auch nicht sonderlich. Da bin ich wieder zu dünn. Irgendwie. In Wahrheit war ich damals, in meiner Glanzzeit, eine mehr schlanke, aber rundliche Erscheinung, eine mehr bukolisch-idyllische Gestalt, durchaus erotisierend, wenn ich da, mit Kestner oder Goethe, am Abend oft so an der Lahn, in der wunderschönen Gegend, entlang ging. Ja, halb ländlich, halb städtisch – grad so wie Friederike, die Schwester von gestern, von deren schwerem Schicksal ich erst im nachhinein erfahren habe; das jetzt in Deutschland wohl führende Frauenjournal »Emma« sollte sich ruhig mal unserer beider von Goethe doppelt verhunzter Leben annehmen!

PS 2: Aber das letztere stimmt ja überhaupt gar nicht, neinnein. Goethe war vielmehr eine »Lichtgestalt« in ihm, wie später Fritzi Massarati für ganz Deutschland …

PS 3: Außerdem sehe ich auf dem Schröder-Pastellbild auch zu üppig aus und entspreche da fälschlich also mehr dem Schönheitsideal der preußischen Königin Marie Luise. Oder jedenfalls einer Nymphe von diesem Poussin. Und schon überhaupt gar nicht gefalle ich mir auf dem Ölgemälde von Hansen aus dem Jahr 1820, acht Jahre vor meinem Tod. Da unterm gebauschten Häubchen bin ich ja längst schon eine recht alte Matrone und sehe aus beinahe wie die Mutter Aja.

Aber immerhin nicht wie Inge Meysel. Man muß mal mit allem zufrieden sein.

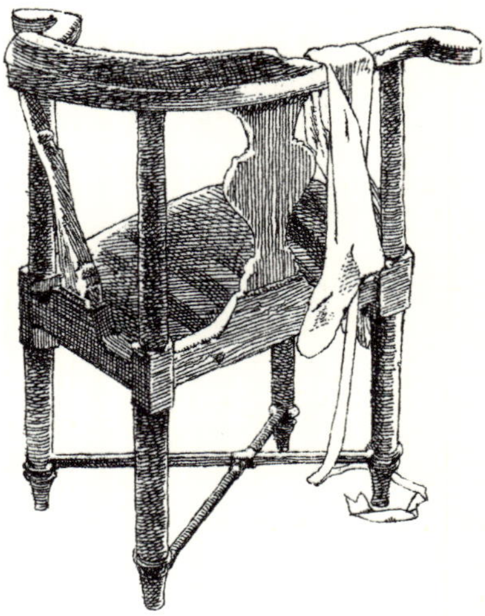

Und dann, ehe ich's vergesse, fehlt hier überhaupt noch das Allerwichtigste, jener Roman, jene so »ruchlose Schrift« (so der damalige Rektor Hasenkamp aus Duisburg, cit. nach: Goethe anekdotisch, München o.J., S. 9), jener Brief-Roman »Werthers Leiden« oder, genau zu nehmen, »Die Leiden des jungen Werthers«, der mich als Lotte und Kestner als Albert und Goethe als Werther im Jahr 1774 erst so richtig berühmt, ja weltberühmt machte, indem er ein richtiges »Werther-Fieber« auslöste – d.h., nicht nur allerlei labile Männer brachten sich um, sondern sogar ein mir allerdings unbekanntes junges Mädchen, Christel von Laßberg, ertränkte sich, den »Werther«-Roman in der Tasche! Manchmal hörte ich, ich sollte sogar zuerst auch mitmachen, mit jener Christel von Laßberg zusammen, als Protest gegen die patriarchalische Frauenausbeutung durch Männer o. dgl. – nein, doch nicht, ich habe mich falsch erinnert, ich bringe das wahrscheinlich mit einem packenden Zeitungsbericht in der Wetzlarer Oberhessischen Presse durcheinander, der sich aber als Ente herausstellte.

Goethe, welchen damals viele für Werther und nämlich für also so ein exzentrisches »Original« im Zuge der ausgebrochenen »Geniezeit« hielten, Goethe hat sich ja später in seinen Memoiren und diesem Sekretär Eckenberger gegenüber von jenem »pathologischen Zustand« seiner eigenen Werther-Zeit distanziert: »Lauter Brandraketen« seien das gewesen in ihm und sodann um den Roman und seine halb erhofften, halb unerwarteten Folgen herum, welche diesem sogar »größten literarischen Erfolg aller Zeiten« (Walter Benjamin) nicht bloß einen ganzen Haufen Nachahmungs-Selbstmörder, sondern auch sofort Dutzende von Raubdrucken, Parodien und Fortschreibungen eintrugen und, wie sich später zeigte, sogar die Aufmerksamkeit des Kaisers Napoleon – wiewohl Goethe betr. »Werther« eigentlich nur geschrieben hatte, »um sich wenigstens persönlich von der damals herrschenden Empfindungskrankheit zu befreien« (Friedhelm Kemp, Goethe, Leben und Werk in Briefen, S. 163) – bzw. wieder andersherum sieht es in unendlicher Exegeten-Folge mein schon vorgestellter Herr Meyer: Goethe war eben gerade nicht der hoffnungslos mit dem Feuer spielende Werther; sondern er zog sich zurück, obgleich er dann »sein ganzes Leben lang offenbar auch ernsthaft glaubte, daß er wirklich nahe am Selbstmord gewesen sei« (Herr Meyer, S. 85) –

– und hier also kommen wir der Wahrheit schon etwas näher. Weil in Wahrheit und Wirklichkeit handelte es sich bei dem Werthervorbild und -modell ja gar nicht um Goethe und sein »Dreiecksverhältnis« (Seele, S. 30) mit mir und Kestner. Sondern vielmehr um den Herrn Braunschweigischen Legationssekretär Karl Wilhelm Jerusalem, der sich wg. seiner Liebe zur Ehefrau des seinerseits pfälzischen Legationssekretärs in der Nacht vom 29. auf den 30. Oktober (Goethe war da bereits längst von Wetzlar weg) 1772 selber getötet hat, der arme Mann! – und zwar, man stelle sich vor, mit Pistolen, welche ihm in der Wirklichkeit (nicht im Romane Goethes!) ja kein anderer geliehen hatte als – ausgerechnet mein Anverlobter Kestner; sein, Jerusalems, Amtskollege!!

Was wunder, daß seinerseits Goethe diese dämonische Zufallskoinzidenz als Initiatialzündung für seinen Roman hernahm – denn freilich, er wußte, mit Kestner war nicht zu spaßen, trotz aller nach außen vorgetragenen Contenance und Behaglichkeit neigte mein Verlobter stark zur Eifersucht und Gelosia wie ein richtiger Sicilianer und gar nicht wie ein Wetzlarer Justizbeamter aus Hannover – Jerusalem hätte sich also besser vorsehen müssen, als er mir die Cour machte und seine ew. Liebe antrug, zum Teil neben Goethe und im Verein mit ihm, ach, ich wußte oft gar nicht mehr, wo mir der Kopf stand in diesem neuen und jetzt verschärften »pathologischen Zustand« (Goethe zu Eckermannsberger) und neuerdings also Viererverhältnis; auch wenn Albert im Romane außer von Kestner noch einige Züge von Goethes ungeliebtem, ja eifersüchtig beäugtem Schwager und Schwestergatten Johann Georg Schlosser trägt; also gewissermaßen ein Fünfecksverhältnis noch über die Chemie der »Wahlverwandtschaften« (dieser Roman hat mir gar nicht gefallen) weit hinaus – –

– – jedenfalls kam, was kommen mußte, mein lieber Carl Wilhelm Jerusalem bezahlte seine Cour d'amour und seine immer heftiger werdenden Avancen wider mich mit dem Leben, aus der rächenden Hand meines Gatten in spe, der ihm quasi, um seine Ehre zu bewahren, die Pistole gereicht hatte, damit er sich wie ein räudiger Hund erschieße, kein Geistlicher hat ihn, wie es im Roman am Schlusse heißt, bei seinem letzten schweren Gang begleitet – aber: Was für ein Mann! Voilà un homme! Kein Vergleich zu Goethe, der sich dann in den Briefen von 1774 nur ununterbrochen für seinen von uns allen unerwarteten Roman bei uns entschuldigt: »Werther muss – muss seyn«, oder: »das unschuldige Gemisch von Wahrheit und Lüge« sei ja bloß dazu da, »um uns fester an einander zu knüpfen« – ach was. Redensarten, Ausreden. Im übrigen höre ich die Oper »Werther« von Massenet am liebsten mit Plácido Domingo oder Alfredo Kraus als Titelfigur, weniger gern mit Siegfried Jerusalem – – –

Wirklich wahr, einen richtiggehenden Pistolenkampf, ein Duell, wollten die beiden, Jerusalem und Goethe, alle um mich und meinen Gewinn austragen. Und Kestner großmütig gab ihnen dazu auch noch seine Dienstpistolen. Wahrscheinlich hoffte er insgeheim, die beiden möchten sich selbander totmachen – nun, daraus wurde nichts, Jerusalem schoß sich m. E. dann doch vorher schon alleine selber tot – Goethe aber ließ es sodann mit dem »Werther«-Roman genug sein, jenem, der ihn als »exzentrisches Original« postwendend in aller Welt bekannt machte, während ich tagelang um Jerusalem weinte – Goethe schrieb dagegen immerhin seinerseits in sein Notizbuch oder wohin, »Jerusalems Tod schüttelte mich aus dem Traum« (Boerner, S. 43) – –

Nun, wie immer dem auch sei, Goethe war so oder so plötzlich mit seinen 24 Jahren einer der bekanntesten Autoren Deutschlands und weit über Frankfurt, Wetzlar und Volpertshausen hinaus, er lernte deshalb auch Bürger, Klopstock, Boie, die tollen Brüder Stolberg usw. kennen und ließ es dann freilich füglich und wohlweislich nicht darin fehlen, auch Kestner (mein Verlobter) und mir, die wir ja zuerst doch recht betroffen und sogar beinahe verletzt waren, von den Meriten und gewaltigen Schönheiten und der gleichwie göttlichen Naturnotwendigkeit des »lieb Büchelgen« (Brief an mich vom 23.9.1774) vorzuschwätzen und vorzugaukeln und von wegen »herzlichen Kuss« (an mich – gleich drauf auch an meinen ersten Buben – also wieder mich!) hin und her zu tricksen nach seiner schon gewohnten Schöntuer-Manier – und er säumte auch nicht, daß er mir die ersten und erheblichsten Rekommandierungen und Lobhudeleien über das Buch mitteilte; so z.B. den Brief von einem angeblichen juristischen und poetischen Kollegen Franz Kafka an seine Braut vom 13.3.1913: »Blindlings sag ich: lies Werthers Leiden!«

Ah, das war schon einer, der Goethe! Immer tricksen und taktieren – und immerzu durchschlängeln und schmeicheln und schöntun: »Nicht wahr«, so säuselt er mir noch am »19. Jun.« 1775 aus Altdorf, Kanton Uri, vor und herauf, »Sie haben mich noch ein bisgen lieb und so halten Sie's und küssen Ihren Mann auch von mir« etc. pp. Na ja, also daß er da noch immer auf so eine delikate Menage à trois (jetzt samt »Ihren Kleinen«) hinauswollte, das nehme ich ihm schon ein bisgen übel (ich kann eben den theuren Jerusalem einfach nicht vergessen, der für mich sein Leben hingab) – aber immerhin: diese stilistische Delikatesse: statt »Juni« »Jun.« zu schreiben – diese Expression von Rhythmus, Tempo und unbezähmbarem Drang, dieser »Sturm und Drang« (Prof. Herman Grimm u.a.) noch in nuce einer Abkürzung – Drang noch immer nach mir, hier hochcodiert in die

Chiffre eines Punkts, eine Intim-Botschaft, die Albert: stop Kestner nicht auffallen sollte – – –

Nun, in diesem Sinne haben sich ja dann die Herren Philologen und Psychologen in extensis ausgiebigst mit uns, Goethe und mir (leider weniger mit mir und Jerusalem, welcher mir doch fast noch mehr gefiel und zusagte), beschäftigt und uns geisteswissenschaftlich traktiert. Mit jener lebenslangen Konstante des Fluchtmotivs bei Goethe vorzüglich, wie es schon in Leipzig und bei der sonst nicht weiter bedeutenden Sesenheimer Pastorenliebschaft Riekchen o.ä. auffiel u. zum Austrag kam. Dieses in Verbindung mit der Goethen angebl. unverzichtbaren Wahnvorstellung, Wirklichkeit und in Sonderheit Liebe in ein Gedicht, hier in einen Roman, verwandeln zu müssen. Und dieses drittens zu Wetzlar nolens, aber auch volens mit dem kaum bewußten Wunsche (ich lese in letzter Zeit viel Anna Freud, und das hat mich da also schon interessiert), in einer Art latentem Masochismus partout dabei Verlierer sein – zu wollen! So hat Goethe es schon (ich hoffe, Sie vergeben es meiner Eitelkeit, daß ich mir eine entsprechende kleine Bibliothek zugelegt habe) laut Wilhelm Bodes großer Dokumentensammlung darauf angelegt, »Lotte liebend und leidenschaftlich heimzusuchen unter der Voraussetzung, daß sie ihm nie nachgeben werde«; um eine gewissermaßen absichtsvolle »Unglücklichkeit« im Sinne des damals waltenden Weltschmerzes u. Zeitgeists (vgl. auch Moritz' herrlichen Anton-Reiser-Roman) sei es ihm da im Leben immerzu gegangen – freilich ohne das doch schon allzu exzentrische Erschießen! Dem ergänzend hinzufügt genannter Herr Meyer (S. 121): Für Goethe »war es sicherer, sich von vornherein nur in Mädchen zu verlieben, die nicht zu haben waren, weil sie schon verlobt oder verheiratet waren« – Goethes Fluchtinstinkt gegen das Bürgerliche fusioniere sich hier also sozusagen mit der Idee des unerreichbaren Hohen und Idealen. Und wiederum Nicholas Boyle (Der Dichter in seiner Zeit, München

1995) ergänzt, ich, Lotte, sei kurzum das beste Beispiel für Goethes Art und Manier, was ihn beschäftigte, »in ein Bild zu verwandeln«.

Wie meine lieben Leser, nun, sich unschwer denken können, hinterlassen all diese Befunde in mir durchaus zweigeteilte, zwiespältige Empfindungen; solche des Stolzes, aber auch der – Schwermut. Goethe selbst deutet ja in seinen Memoiren zum einen an, daß er einerseits »Kunstwerke wie Naturerzeugnisse« nehme und mithin also auch umgekehrt diese wie jene, also auch uns arme Frauen. Und schon im Kontext jener mir schon beinahe ein wenig verhaßten, weil mich zur Eifersucht anstachelnden Friederike von Sensenhausen plädiert er, Goethe, ja stracks für eine glückliche und leichtsinnige »Vergessenheit des Widerwärtigen wie des Erfreulichen, wodurch ganz allein die Fortsetzung des Lebens möglich wird« (10. Buch). Und, so ergänzt er später gegenüber Eckermeier etwas mysteriöser, auf daß »den Dämonen nicht mehr Gewalt als billig« eingeräumt zu werden braucht.

Ich habe über diese und ähnliche Sätze und Lehren oder Impromptus sehr lange nachgedacht, vielleicht länger, als Goethe es verdient. Und gleichfalls darüber, was das Weimarer »Klatschmaul« (FAZ vom 24.3.1998), der Gymnasiallehrer Böttiger, über meinen Goethe schreibt: Dieser zähle nun mal zu den »gründlichsten Schuften, die Gott erschuf«. Also, so würde ich es nicht sagen – so ist es gantz gewiß nicht wahr. Aber dieser überaus kuriose Dichterberuf, dieses göttliche, aber z. T. wohl auch gottlose Dichteramt exkulpiert ja wohl eben auch nicht alles – und es hat der Praktikant Goethe mit seinem Wetzlarer Auftreten sowohl als mit seinem Werther-Roman (ich kann den Namen nach 225 Jahren kaum noch hören) meinem Mann und mir auch so manchen wirklichen Kummer bereitet – Poesie hin und Poetisierung und Poetologie her. Und die eigentliche poetische Leistung in dieser vermeintlich wahren oder eben zusammenspintisierten Dreier-Menage hat nämlich in Tat und Wahrheit mein Verlobter J. Chr. Kestner vollbracht, indem er mir im Brief (Entwurf) mitteilte, daß nicht nur ich Lotte-Lotte, sondern Goethe »mir als Freund auch Werther werden mußte« – ecco, un poeta! Obwohl er ja wußte, daß Goethe mir als Goethe einen (und wohl nicht nur diesen einen) Kuß geraubt hatte. Allerdings hat, obschon Kestner unter dem Rivalen ebenso wie unter der Literarisierung litt, wieder auch unser gemeinsamer Biograf Herr Meyer (S. 156) durchaus recht:

»Kestner weinte nicht minder als Lottchen, als Goethe abreiste; niemand konnte an etwas anderes denken.«

Denn wie später so manche andere Zeitgenossen machten wir braven Wetzlarer ihn, Goethe, nicht bloß zur »Sonne« und zum »Genius«, sondern irgendwie auch noch zum Emmausgang-Christus:

»Brannte nicht unser Herz in uns, als er mit uns redete?«

Allerdings, geweint habe ich dann vielleicht doch noch mehr um den armen und maustoten Jerusalem, während Goethe ja ganz flott weiterlebte und mir nur noch einen gewissen Nachruhm und die tolle Erinnerung beließ. Und etliche Male seltsam schleierhafte Briefe an uns schrieb. Was sagen Sie z.B. dazu, daß im schon erwähnten Brief aus der ersten Schweizer Reise 1775 »der alte euer Goethe, immer neuer und neuer, und jetzt mehr als jemals der eurige ist«? Verstehen Sie das? Wollte er sich erneut u. abermals zwischen mich, Kestner und Jerusalem bzw. Werther drängeln und einen Keil stemmen, jetzt wo er (ich weiß es aus guter Quelle) ja schon wieder von seiner Verlobten Lili floh??? Auch Kestner schüttelte tagelang den Kopf und auch über die seltsam taktvoll-taktlose Impertinenz, mit welcher er ihm am 1. Sept. 1885 zum ihn schmerzenden Tod unseres Mädchens von Weimar aus kondoliert; um sodann jedoch fortzufahren:

»Da Ihr immer fruchttragende Bäume seyd; so müsst ihr den Verlust zu ersetzen suchen. Grüset Lotten herzlich, ich dencke sie ist mir noch gut und ich werde so lang ich lebe, meine Gesinnungen gegen sie nicht verändern. Adieu.«

Adieu ... jaja. Gut, so weit war das richtig, daß Goethe an meinen Kindern lebhaft teilnehmend liebsamen Anteil nahm und auf mein Fürbittschreiben vom 15. Oktober 1803 hin mit der Bitte um Protektion für meinen Sohn Theobald sich auch postwendend für ihn zu verwenden trachtete; selbst wenn sein Replik-Brief mit einem ominös irisierenden »Wiederholt mein Lebewohl!« beinahe schon wieder ein bißgen phosphoreszierend grausam abschließt. Allein ebenfalls sein Empfang für mich am 25. September 1816 in Weimar – Goethe war gerade Witwer geworden, ich aber als Werther-Lotte annähernd die gleiche Berühmtheit wie er, der jetzige Olympier – fand durchaus ehrenvoll statt. Meine mich dabei begleitende Tochter Clara (wir waren in der Tat recht »fruchttragend« vorangekommen) bezeugt es einwandfrei, daß Goethe »unter vier Augen gegen Mutter liebenswürdig war«, um sodann auch überaus freundlich seine Theaterloge mir zur Verfügung zu stellen – und der dumme Pseudodichter Thomas Mann hat also mit seinem spöttischen Afterromänchen über dieses späte Rendezvous zu Weimar ganz und gar unrecht! Außerdem sprach Goethe damals noch gar keine inneren Monologe!! Das kam erst mit Arthur Schnitzler

und dem Iren James Joyce in Mode! Puh! Was ein häßliches Machwerk.

Kein Vergleich mit unser beider gemeinsamem »Werther«! Und es stimmt ja auch gar nicht, was Goethe gar zu altklug in einem Brief an seinen Mephisto Behrisch 1768 hübsch naseweis zu Papier zu bringen müssen vermeinte:

»Wir haben mit der Liebe angefangen und hören mit der Freundschaft auf.«

Ich nicht. Jedenfalls nicht ich. Ich liebe Kestner noch immer. Und natürlich auch Jerusalem, den theuren Mann und leidenschaftlichen Toten.

Was aber Goethen anbelangt, wissen Sie, wie ich's mir manchesmal denke? Es gibt von ihm, Goethe, ein geheimes, ein zeitweise und noch in der Sophienausgabe geheimgehaltenes Epigramm (s. Ernst Johann, Unziemliche Sachen, Frankfurt 1980, S. 23), worin mein ehemaliger Geliebter also z.B. schreibt:

»Gib mir statt ›Der Schwanz‹
ein ander Wort, o Priapus!«

Und werweiß genau deshalb hat er sich mir 1772 damals angenähert und mir den Hof gemacht: um mich derart durch Eheschließung von dem ihm unliebsamen und ihn beleidigenden Wort »Buff« zu befreien. Und als er merkte, daß ja schon Kestner mich ernstlich zu sich nehmen wollte, war der Fall für ihn gelöst – da zog er sich vornehm zurück.

Übrigens sofort nach seiner Flucht vom Sept. 72 oder 27 (manchmal verwuselt sich mir schon fast alles) nach Ehrenbreitstein / Koblenz, zu seiner Pseudo-»Mama«, der Dichterin Sophie von La Roche, und ihrer schwarzäugigen 16jährigen Tochter Maximiliane, der »Maxe«. Bei der sich, wie ich bald erfuhr, der Goethe allerdings dann auch nicht recht schadlos zu halten vermochte. Sondern diese nahm bald statt seiner den drögen Kaufmann Brentano und gebar ihm mit Clemens und Bettina zwei m.E. besonders unerfreuliche Kinder – – –

Ganz im Gegensatz zu meiner Clara. Die mir, als ich 1816 da also als »Werthers Lotte« in Weimar herumgeschubst wurde, gesagt hat, daß Goethe – ungeachtet seines reichlich steifen Billets vom 9. 10. 1816 »Mögen Sie sich, verehrte Freundin« etc. – ja durchaus »sehr freundlich« auf mich 63jährige Veteranin hingeschaut hat.

Und wissen Sie, was mich, offen gesagt, da aber noch mehr gefreut, ja richtig entzückt hat? Daß ich nach einem verbürgten Wort der berühmten Charlotte von Schiller (Brief vom 9. 10. 1816) noch immer »eine sehr hübsche Frau« bin. Oder jedenfalls damals noch war.

Lili
Herr Göte

Wenn ich nun den Goethe auch noch beim Tanzen und bei einem Ball kennengelernt hätte, dann wäre das schon ein recht artiger Fall und beinahe gar zu kapriziös und ominos. Allein, bei einem richtigen Balle war es gewiß nicht, damals im Januar oder vielleicht auch grad Silvester / Neujahr 1775, offen gestanden, ich weiß es nicht mehr so ganz genau, wahrscheinlich war's im Haus meines Herrn Vater sel., des Bankiers Schönemann, vielleicht, daß ich ihm, Goethe, dort etwas auf dem Klavier vorgespielt und als vermeintliche Virtuosin und Hexenmeisterin produziert habe – mein nachmaliger Herr Verlobter, also (um es vorwegzunehmen) Goethe, war wohl gewissermaßen anfällig für virtuose Frauenpianospieler, siehe seine offenbar richtiggehend aufregende Passion für die böhmische oder polnische Wunderpianistin Maria Szymanowska – gut, daß er wenigstens Clara Schumann nie gehört und gesehen hat, das hätte vielleicht wieder was gegeben an Honneurs und Verneigungen und aufdringlich charmanten Billettchen; das hätte die ohnehinnig heikle Positur Claras zwischen Schumann und Brahms dann noch mit aller Gewalt zu jenem »Chaos« getrieben, als das dem Goethe seine Schwiegertochter Ottilie später ein Weimarer Gesellschaftsjournal für den gehobenen Kunstgeschmack benannte und begründete – weiß Gott, dies Blättchen hätte hier was zu schreiben und zu unken gehabt!

Genug, ich spielte also werweiß den Clementi oder vielleicht auch eine Haydn- oder Mozartsonate, gewiß nichts von Scarlatti, der war meinen weibisch verwöhnten Fingern viel zu stählern und zu flink raserisch, Goethe stand neben dem neuerdings sog. Pianoforte (richtige Hammerklaviere kamen aber erst später auf und in Mode) und schaute einigermaßen verträumt und galant zugleich, richtig ritterlich-chevaleresk, auch gewissermaßen wissend und verwöhnt (er war notabene damals schon eine Persönlichkeit und lokale Famosität und hatte sogar, wie ich wußte, längst gewisse Erfahrungen ... ich übrigens auch, so engelhaft unschuldig ich zuweilen dreinzuschaun und zu äugeln verstand, zumindest war ich schon sehr verwöhnt und nämlich von allerlei herumscharwenzelnden und schwänzelnden Herren mit allerhand Galanterien beinahe tagtäglich aufs ausreichendste eingedeckt; ich war, was man in Frankfurter Philister- und Finanzkreisen heute »eine Partie« nennt und wohl auch damals schon so nannte). Der Goethe und ich waren uns diesbetrefflich also quasi pari, »1:1«, wie meine Mutter Susanne, geborene d'Orville, immer sagte, also gleichsam äquivalent, so wie beim Heiraten fast immerzu die Schönen zu den Schönen und die Reichen zu den Reichen kommen und manchesmal auch beides, oder jedenfalls fast wohl immer. Also, der Goethe stand jedenfalls gut sichtbar und wohlpositioniert ganz kommod am Klavier und trug sich auch recht bürgerlich anständig (ohne die damals noch fast notorische gelb-blaue Werther-Tracht, wie er sie dann aber später bei seiner Schweizer Reise wieder anlegte, sofern er sich da nicht mit den fatalen Brüdern Stolberg der allerneusten Mode, dem Nacktbaden, o pfui doch, hingab), aller Wahrscheinlichkeit nach wollte er mich wohl mit diesem Werthertrachtenanzug und seiner deutlich anzüglichen Lotte-Reminiszenz nicht vorab verletzen und vergraulen – nun denn, er stand da also ganz lässig, fast, wie es der damalige Engländerfanatism in Frankfurt als neue Mode wollte, cool wie ein Dandy ans Piano gelehnt, gleichzeitig so bourgeois wie courteois – ein rechter chamäleonider Schlingel, der sich gut verstellen konnte, war er wohl immer schon, der Goethe – stand ganz cool und adrett, das

Stand- mit dem Spielbeine wechselnd, da, obschon er gewiß merkte oder genau wußte, daß er hier eigentlich »zur Schau stand«, wie wir in Frankfurt gern sagen, d.h. als mehr oder weniger potentieller Bräutigam schon insgeheim taxiert und heimlich begutachtet wurde, währenddessen ich da mit aller Kraft meinen Muzio Clementi klimperte und mich vielleicht vor lauter schlimmer Aufregung auch ein paarmal vergriff, mir aber gleichfalls nichts anmerken ließ – auch ich trug den Kopf wohl sehr hoch, war peut-être damals sogar etwas un peu etepetete in meiner hauptstädtischen Höherentöchtersittigkeit, als einzigste Tochter (neben fünf Brüdern) eines damals noch sehr bedeutenden Frankfurter Bankherrn, meines allerdings leidergottes schon verstorbenen Papa Wolfgang Schönemann, nach modernen Maßstäben heute etwa vergleichbar der strahlenden Existenz des Bankier-Freiherrn von Bethmann (der dann schon wenig später dem Goethe die Ital. Reise finanzierte!) oder der noch leuchtenderen des zeitweilig allerdings wegen gewisser Kreditüberladungen und sonst. Irregularitäten in Kerkerhaft einsitzenden, jetzt wieder freien Grafen v. Galen, meines Wissens heute wiederum wohnhaft in Kronberg, wenngleich nicht mehr ganz in dem Saus und Braus der 1970er Jahre.

Nun war ich allerdings auch – oder galt immerhin dafür – ein recht schönes, ein weit überdurchschnittlich schönes Mädchen, und Goethe war denn dann gleich wirklich so gütig, mit mir schon bald nach dem Clementi in ein mildes und doch »heiteres, verständiges Gespräch« einzutreten, wie er das später in irgendeiner seiner schönen Schriften nannte (die »Natürliche Tochter« ästimiere ich ganz besonders, »Faust« weniger, der ist mir zu wild und degoutant und auch sogar ein bißchen frauenfeindlich, oder?) – und später sagte er mir dann noch, er habe bei mir sogleich eine »Anziehungskraft von der sanftesten Art verspürt«. Nun, mag sein das kommt daher, daß ich am selben Tag, am Nachmittag, schon einen Mann umgekehrt ganz kraftvoll abgestoßen hatte, den verw. Ratsherrn Wigel Frosch, so daß also Goethe gleichsam nach seiner späteren und z.T. schon älteren »Chymie«, wie er sie von der Klettenbergischen her verstanden hatte, gewissermaßen schon aus Symmetrie-Raisons (»Steigerung« durch »Polarität«, so nannte er das später, freilich, ich habe von meinem Altersruhesitz aus, dem elsäßischen Krautergersheim, insgeheim so manches nachgelesen) bei mir Gnade finden konnte u. mußte, klar doch. Zumal er da auch noch ziemlich unter seinem gemischten Wetzlar-Koblenzer Herzwehe litt und seufzte, beinahe etwas zu geckenhaft schon seufzte, aber eben doch auch wieder recht manierlich und sogar fast bethörend; so daß es notgedrungen schon bald zwischen uns zu dem kommen mußte, was Goethe späterhin ein »leidenschaftliches Verhältnis« zu nennen sich bequemte. Kurz, es funkte.

Alors, da fällt mir aber doch noch ein: Es kann aber eigentlich gar nicht der Clementi gewesen sein, was ich da klimperte, der kam doch erst viel später auf, der ist wohl erst 1752 geboren und also nur sechs Jahre vor mir – es wird also vielleicht doch der J. S. Bach gewesen sein, was ich da exerzierte – vielleicht werweiß auch bloß »Kommt ein Vogel geflogen«.

Und schon, Schwuppheidi, am 20. April 1775 waren wir Verlobte und Goethe mein Bräutigam. Seinen Verlobungsantrag fertigte der Goethe noch comme il faut vor meiner Frau Mama, etwas zu linkisch eigentlich für so einen mondänen Kavalier und Liebesconnaisseur, er verhaspelte sich richtig comme un petit idiot und ich mußte mir die Hand vorhalten vor unterdrücktem Lachen – mais genug, die Würfel waren gefallen. Die Verlobung währte zwar leider nur ein knappes halbes Jahr. Aber ich muß sagen, im nachhinein war sie so übel nun auch wieder nicht, und die Welt hat jedenfalls von dieser sogenannten Goetheschen »Lili-Zeit« (genau genommen bin ich auf den Namen Anna Elisabeth getauft und natürlich in Frankfurt geboren) eine insgesamt recht gute Meinung; nämlich von dieser für Goethe (und

mich) durchaus wonne- und auch wehmutvollen »Liliwelt« (Heinrich Meyer, S. 188), wenngleich mein Verlobter zwischen dieser »Lilis Welt« (Angelika Maass, S. 107) und der Goethes, als seiner eigenen, zuzeiten eine gewisse Zerrissenheit fühlen mochte.

Zerrissen oder vielmehr »borstig« (Böttiger, S. 72) war der Göthe damals auch, aber ohne mein Einwirken, z. T. noch von seinen Koblenz-Wetzlarer Desillusionierungen her, z. T. wohl auch, weil er es sein wollte. Einerseits um seinen eigenen Werther in der Gesellschaft umsatzförderlich darzustellen und zu kopieren – andererseits hatte ihn damals wohl schon das später nochmals gesteigerte »Weimarer Geniewesen« (a. a. O., S. 35 ff.) am Wickel, dieses durchaus »einträgliche Geniewesen« der dortmaligen »Kraft- und Dranggenies«, das dann späterhin vor allem im Weimarischen auch nicht zuletzt »von den Frauen angebetet« (ebd.) wurden, obwohl es oftmals in nichts Gescheiterem als im häufigen Aussprechen von »die Sau« usw. bestand. »In seiner Jugend und Genieperiode« lese ich da bei Böttiger weiter, gab Goethe sogar richtige »Genieaudienzen« – nun, ein Jährchen vorher in Frankfurt war's noch nicht gar so arg, Goethe mimte da meist nur den sukzeßvollen Literatur-Jungstar, auf eine mitunter etwas blasierte Manier, welche die Engländer m. W. snobistisch nennen, und trug die Nase insgeheim schon gewaltig hoch. Allein ich gehe mit Schlosser (im Brief an Lavater vom 17.10.73) durchaus einig, daß Goethes »Herz so edel als eins (ist)« und es gewiß auch im Frühjahr 1775 schon oder noch war – ein richtiger »Weiberhässer«, als den ihn Herder am 23.1.1773 seiner Braut Karoline gegenüber denunzierte (Bode I., S.43), war er eigentlich nicht, nein. Obwohl ich da im nachhinein nicht immer ganz sicher bin. Und auch ist eigentlich recht zweischneidig die Exkulpation mit Gloriole, welche Lottes rechtmäßiger Verlobter Kestner ihm, Goethe, am 22.9.1772 aus dem gemeinsamen Erlebnis her zuteil werden läßt: Kaum, berichtet Kestner, »begegnet uns ein Frauenzimmer« am Frankfurter Römer, schon »leuchtete ihr die Freude aus dem Gesicht« beim Anblick Goethes.

Also, ich weiß nicht recht, ich mag gewiß auch heute noch etwas ungebildet sein und damals schon reichlich töricht und ein verzogenes Bankierstochterfrätzchen, eben bloß jener »schöne Grasaff«, als den mich M. Goethe später einmal wenig höfisch, aber letztlich nicht ganz verkehrt im Brief an die Frau von Stein (ihr bin ich nie begegnet) tituliert – allein so viel habe ich damals aus meiner Intuition heraus doch durchaus erkannt: daß ebendieses dem Goethe sein lebenslanges Problemdilemma war: dieses Eins und Einerlei von Liebe-suchen und Liebe-fliehen, wie er es eben dann auch dutzendweise in seinen nach meinem Gefühl durchaus hübschen u. niedlichen Gedichten zum Vortrage gebracht hat; dieses ruhelose Auf und Ab als der »ewig belebenden Liebe vollschwellende Thränen« – doch, das hat er sehr schön an sich selber erkannt, das hat er gut gesagt, nun, dichten konnte er manchesmal schon wirklich, der Herr Verlobte!

Und auch dieses mir im Rahmen der später sogenannten Lili-Lyrik zugeeignete Gedicht ist wohl so übel nicht:

»Herz, mein Herz, was soll das geben,
Was bedränget dich so sehr?
Welch ein fremdes neues Leben –
Ich erkenne dich nicht mehr –«

Usw. Das nenne ich Rhythmus, oder? Ganz wie in »Es schlägt mein Herz geschwind zu Rosse« für jene Straßburg-Sesenheimer Pastoren-Dirne Friederike, welcher ich dann sogar viel später wohnortlich so nahekam. Und auch manche Ähnlichkeiten mit der Lottepoesie haben die Goethe-Erforscher dann vielfach nachgewiesen. Naja, es stimmt das halt – leider – durchaus schon mit dieser Dauer im Wechsel der ewig belebenden Liebe usf. – und dann erst der Gedichtsschluß:

»Die Verändrung, ach, wie groß!
Liebe, Liebe, laß mich los!«

Hui, das peitscht so richtig! Aber es führte eben leider-leider in der Konsequenz auch zu unserer schon baldigen Entlobung, und vorher eben bereits auch zu einer Verlobungsflucht im Zuge jener Schweizerreise von 1775 mit allen Anzeichen eines »Doppellebens«, wie ich z.B. in Peter Boerners Buch (S. 49) nachlesen muß; eines doppelten Goethe also zwischen der häuslichen Glückseligkeit und eben der Schweizer sog. »Geniereise« in der alten gelbblauen Werthertracht, o je.

Die ich allerdings, zugegeben, an ihm, Wolfgang, gar nicht gerne sehen wollte. Man errät, warum.

Ich muß im übrigen damals eine richtige Attraktion der guten alten Stadt Frankfurt gewesen sein, »eine weibliche Vollnatur« (wie Goethes Biograf Heinr. Meyer sehr einfühlsam es auslegt), deshalb instinktiv Goethe nahestehend wie dieser umgekehrt ihr, d.h. mir – durchaus nicht nur eine »niedliche Blondine«, als die mich Goethe gegenüber dieser seiner fernen u. seltsamen

Brieffreundin Gustchen zu Stolberg einmal scheinbar lobend herabwürdigt, die dann m. W. Goethe auch recht deutlich vor einer festen Bindung warnen zu müssen meinte. Zweifellos besser trifft die Sache schon jene Henriette von Beaulieu-Marconnay, die Mutter der Zeichnerin Julie von Egloffstein, welche mich als »eine der edelsten Frauen« anpreist und sogar der Iphigenia vergleicht (hab ich aber nie gelesen, die Verse waren mir irgendwie zu rhythmisch) – und aber jedenfalls die hin und wieder als Theoriespeculation zu hörende und recht gemeine Sottise, daß Goethe wegen der Verlobung mit mir »um seine Genialität fürchtete« (Jörn Göres, Goethes Leben, S. 82) und deshalb am 15.6. zu vorgenannter erster Schweizer Reise aufbrach, bloß um eben dort stantepe das allerschönste Gedicht »Auf dem See« mir zu Ehren und mir zuliebe zu verfertigen; das glaubt wohl niemand. Und ist ja auch echt Quatsch!

Richtig daran ist allein, daß ich damals mehr als genug damit zu tun hatte, Goethe die Flausen auszutreiben, welche noch auf das unselige Fräulein von Klettenberg 1768 ff. zurückgehen vonwegen er sei nun »vom Heiland endlich erhascht« (Brief an Behrisch Jan. 69) – wurde Zeit, daß ich da mit kraftvoller Hand dazwischenging. Eher gelten ließ ich schon, daß der Herr Lizentiat sich gar zu gern »Doktor« nannte und nennen ließ, obwohl er das nie war – kurzum, insgesamt war ich damals wohl doch schon

trotz meiner Vorliebe für die aufkommenden chic-modischen hohen Plateaustiefelettchen »eine gescheite und warmherzige Frau«, wie mein mir also schon ganz besonders zugetaner Gönner Meyer (S. 123) sehr richtig ausführt, mit welcher Goethes Leben wohl insgesamt »reicher, wärmer« verlaufen wäre. Und auch die meisten anderen Goethe- und Liebeskenner sind sich en suite darin so ziemlich d'accord, daß diese zuerst von beiden Seiten als so äquivalent empfundene auch alles in allem die reinste und tiefste Liebesgeschichte in Goethes gesamtem Leben war. Ich, Lili, war vielleicht, wie Goethe einmal im Ernst viel später zu Soret sagen und ausführen sollte, »die erste, die ich tief und wahrhaft liebte. Auch kann ich sagen, daß sie die letzte gewesen« (s. b. Seele, S. 46).

Welchen Wert diese Liebe hatte, das sieht man wohl schon daran, daß sie also wahrscheinlich doch mit einer tiefgründenden Bachschen Klavier-Fuge begann.

Und wenn Eckermann wiederum viel später am 28. 3. 1831 Goethe nach mir befragt und im Verein mit dem 4. Buch von »Dichtung und Wahrheit« auf das dort »dargestellte Liebesverhältnis mit Lili« einfühlsam zu sprechen kommt und nämlich voller nachvollziehender Glut »den vollkommenen Hauch der frühen Jahre« erwittert, dann läßt ihn Goethe zwar scheinbar kalt abblitzen:

»Das kommt daher, weil solche Szenen poetisch sind und ich durch die Kraft der Poesie das mangelnde Liebesgefühl der Jugend mag ersetzt haben« –, da bin ich zwar offen gestanden durch die Eises-Kälte dieser Worte zuerst sehr erschrocken. Nach einigem Nachdenken aber vielleicht doch der Sache dahintergekommen insofern, als Goethe dergestalt der Scham über das Wiederaufwallen früherer und vom Dünenschutt der Zeit vermeintlich ewig zugedeckter Gefühlswellen und Wogen voller Scheu und mit aller Gewalt wehren wollte.

Nämlich vielleicht auch der Erinnerung an unsere gemeinsamen Frühlings-Sommer-Nachmittage, als Goethe beinahe immer im Kaffe Kranzler-Hauptwache mit mir saß, um sich begaffen zu lassen, mit mir nämlich auf meinen neuen todchicen Inline-Skates, und dabei wie in großer Drangsal große Mengen Milcheis, wahre Rieseneisbomben in sich zu schichten, wahrlich wie ein Scheunendrescher in sich zu fressen. Davon wahrscheinlich wurde er später so dick, klar doch.

Vielleicht wollte er aber da bloß den Eckermann necken und foppen. Weil, auch wenn der Goethe schon am 3.5.1775, also mitten in unserer Verlobungszeit, an Knebels Schwester schreibt: »Ich lebe wie immer in Strudeley und Unmäßigkeit des Vergnügens und Schmerzens«; auch wenn so manche oberkluge Goethekenner heute meinen zu müssen glauben, im Unterschied z.B. zu denen Kleists waren Goethes Leidenschaften »nicht wirklich«, also nicht wirkliche Leiden: dann kann ich dazu aus meinem Verlobtenkenntnisstand heraus nur sagen:

Von Strudeley kann überhaupt gar keine Rede sein. Denn es stimmt zwar, daß Goethe in dieser seiner gewissermaßen dritten Frankfurter Zeit außer der Eisesserey viel Federball mit Fräuleins spielte – was aber mich anbelangt, so war ich eben doch nicht bloß die reiche und kokette und seichte Bankierstochter, der verzogene Bankiers-Bankert. Sondern aus der Forschung erfahre ich erfreut, daß ich nicht allein Figurenmodell war für Stella und Dorothea; sondern mindestens ebensosehr wie diese Käthchen und Riekchen den Goethe damals zu einer noch folgenreicheren Liebesgeschichte angeregt habe. Nämlich mit jenem Brief vom 3.8.1775, welchen er auf meiner Stube an eine gewisse Vertraute (besagtes Gustchen) schrieb, kam es erstmals zu ersten Anklängen an jene unvergeßliche Szene im »Faust« mit Gretchen in ihrem Kämmerchen: »Hier in diesem Zimmer«, heißt es nett in diesem Brief, »des Mädchens, das mich unglücklich macht, ohne ihre Schuld, mit der Seele eines Engels, dessen heitre Tage ich trübe, ich!« usw. usf.

Und noch im Brief vom Herbst 1807, nachdem ich mich wegen der Hilfe für eins meiner Kinder an ihn nach Weimar gewandt hatte, läßt mein ehemaliger Verlobter beinahe alle Schranken von eingetretenem Eis und Entfremdung fallen und nur noch die reinste Wärme auf mich hin verspüren:

»Zum Schluß erlauben Sie mir zu sagen: daß es mir unendliche Freude machte, nach so langer Zeit einige Zeilen wieder von Ihrer lieben Hand zu sehen, die ich tausendmal küsse in Erinnerung jener Tage, die ich unter die glücklichsten meines Lebens zähle.«

Und das sollen mir diese Gustchens und Lottes und Maxes und Klettenbergischen und Käthchens erst mal nachmachen. Im übrigen: Hie Schön-kopf – jetzt und dort: Schöne-Mann – merkt man etwas? Diese seine Reifung vom Kopf zum richtigen – Mann?!

Während ich selber damals wohl wirklich noch mehr ein richtiges Gänschen u. »Grasäffchen« (Goethe) auf Rollschuhen war. Und ich verstehe ihn, Goethe, jetzt durchaus sehr, daß er noch am 10.4.1776 richtig garstig an seine »liebe Tante« (keine richtige wohlgemerkt) Johanna Fahlmer schrieb: »Von Lili nichts mehr, sie ist abgethan [...] Hol sie der Teufel.«

Nun, mich selber verschlug es dann auch schon bald aus Frankfurt weg, mich holte nach dem Konkurs unseres Frankfurter Bankhauses Schönemann schon bald der Straßburger Bankier Bernhard Friedrich von Türckheim zu sich ins Elsäßische, nach Straßburg und noch später nach Krautergersheim eben. Mancherlei wilde Abenteuer hatte ich in meinem Leben noch zu bestehen (Flucht, Verkleidung, Kinder), ehe ich am 6. Mai 1817 in eben jenem elsäßischen Dorf einigermaßen seligen Todes starb – am 14. Dez. 1807 hatte mir Goethe m. W. ein letztesmal einen Brief zukommen lassen, um mithin freundlich an meine »Standhaftigkeit und ausdauernde Großheit zu denken« und mir »nach so vielen äußeren Leiden und Prüfungen« ein Lebewohl und Wohlleben zugleich zu entbieten, gez. Goethe, Weimar den 14. Dezember 1807.

Nun denn, daß wir uns zur Ostermesse 1775 seinerzeit verlobt und zur Herbstmesse also schon wieder entlobt hatten, das gehört wohl weniger zu diesen Leiden und Prüfungen. Vielleicht wär's mit uns eben doch nichts Rechtes geworden, manche meinen wohl auch, wir seien uns werweiß doch mehr wie Bruder und Schwester nahegestanden (das hört man aber jetzt schon gar zu oft freilich, und Goethe machte selbst eine richtige Mode u. Manie daraus, auch diese Auguste zu Stolberg ernennt er einmal und ohne sie je gesehen zu haben, im Brief vom 18.1.75 – also kaum hatten der Goethe u. ich uns kennengelernt – zur »Freundinn Schwester, Geliebte, Braut, Gattin«, o pfui doch, was ein schmutziges Durcheinander! Und noch einen Monat später, am 13.2.75, während ich mich langsam mit dem Gedanken an eine Verlobung mit ihm einlasse, gaukelt er diesem närrischen Gustchen vor: »Wenn ich an Sie dencke, fühl ich nichts als Gleichheit, Liebe, Nähe!« – also, ich muß schon sagen, das heißt nun die Liberté in den modernen u. emanzipierten Verlöbnissen doch ein bißchen sehr weit getrieben! Dabei hatte dieser Goethe mich doch erst am Nachmittag des 13.2. erstmals zum Eisessen und dann Strudelverschlingen und für mich auch noch auf eine süße Melange ins Kaffe Kranzler an der Hauptwache eingeladen und nach meiner ziemlich präzisen Erinnerung mich dabei seiner wie zufällig vorbeistreunenden Mutter »Aja« vorgestellt und allerlei säuberliche oder vielmehr säuerliche Redensarten gedrechselt von wegen Zukunftsperspektiven der Privatbanken sowie allerlei Hoffnungen und Hokuspokus und – was soll's! –)

Insgesamt war oder ist's wohl so oder so und dieses Gustchen (jetzt merke ich doch, wie die Eifersucht als Standesdünkel schon erneut ein wenig hochkriecht) hin und her: daß der Dichter und die Bankierstochter nicht so recht sich zusammenfügen wollten und konnten. So wie es doch noch heute, im Jahr 1999, ein genau zu nehmen Witz ist, daß zum Goethejahr und 250. Geburtstag »Der Dichterfürst der Wirtschaft am Herzen liegt« (so die Überschrift der FAZ vom 10.3.1998) und daß eben dazu, so steht in dem zähen Artikel zu lesen, die Commerzbank ein Geschenk von 200 000 Mark machen will. Ogottogottchen. Also erstens kriegt soviel die Steffi Graf und oder der Boris Becker von der Konkurrenz schon für ein paar Stunden Werbefototermine. Zweitens hatte der Goethe damals durchaus aus Instinkt ganz recht, als er schon am 22.1.1776 im Brief an Merck »das durchaus Scheißige« der bürgerlich-kapitalistischen Zustände in seinem Frankfurt beobachtete; als er bereits inmitten unserer Verlobungszeit immer wieder spürte, daß und wie er hier in Frankfurt »scheissig gestrandet« (an Merck am 8.8.1775) sei. Gesegnet also letzten Endes der gute Trieb, der Goethe die vorzügliche Idee einflößte, die Verlobung schon im Herbst wieder zu lösen. Oder war ich es? Gleichviel: Gewiß war das besser so. Und doch möchte ich hier zum Beschluß – und Bach und Clementi und Federball und Speiseeis mal ganz beiseite – eins aussprechen wollen und dürfen. Daß ich hoffe, daß ich inständig hoffe, daß es ja vielleicht doch und trotz aller Einschränkungen nicht so gänzlich verkehrt ist, was, seit hundert Jahren tausendfach zitiert, der Goethe einmal und vielleicht nicht zufällig wiederum zum Eckermann gesagt und also offenbarlich ganz im Ernste ausgesprochen hat:

»Ich bin meinem eigentlichen Glücke nie so nahe gewesen als in der Zeit jener Liebe zu Lili.«

ah Goethe,
Du
Kröte!
Charlotte 2, Frau v. Stein
Post Brief Ka

Andra moi ennepe, Musa, polytropon – usw. –!

Allein, obschon ich es war (und keineswegs jene Corona Schröter), welche Goethe einstens für seine Iphigenie (nach Euripides) vorzüglich Figurenmodell gestanden und gesessen hat, ja zuweilen, was auch kaum noch irgendwoauchimmer bestritten wird, seine »Musa« (s.o.) ja überhaupt und vorzüglichst gewesen bin, nämlich jene »Einzigste«, über welche er, Goethe, schon kurz nach seiner Ankunft und Geschäftsaufnahme in Weimar an seine »Tante« Johanna Fahlmer am 14. Febr. 76 schreibt: »Eine Herrliche Seele« – Herrliche großgeschrieben! – »ist die Frau Stein, an die ich so was man sagen mögte geheftet und genistelt bin«; wieschon genannter Goethe im Zuge der angebl. 13000 Briefe, welche er zeitlebens schrieb, allein mir davon 1800 zukommen ließ, also die weitaus allermeisten, mit insgesamt 2000 Blättern, wie die damals amtierende Germanistik auch prompt und sehr zuverlässig nachgezählt hat; obzwar sich vornehmlich um 1775–76 herum so gut wie alle d'accord waren, welch ein »herrlicher Mensch« (Merck), ja »großer, edler, herrlicher Mensch« (Wieland an Merck 17.10.76) dieser Goethe sei, »immer wirksam, alle glücklich zu machen« (Merck); so weiß ich, die ebenso »Herrliche« (J.W.v. Goethe), es leider besser; besser leider auch als seine Frau Mutter, welche da am 16.2.76 in aller Unschuld an Johann Georg Zimmermann, den Schweizer Mediziner und Schriftsteller, dies zu Papier bringt, daß ihn nämlich »alle Leute lieben, denen er nahe kommt« (s. Bode I, 164); und Wieland, aus welchen un- und durchschaubaren Gründen auch immer heraus, steigert sich am 22.2.76 sogar noch: »Genug, daß ich nichts Besseres, Edlers, Herzlicheres und Größeres in der Menschheit kenne als ihn – so wild und siebenseltsam der holde Unhold auch zuweilen ist oder scheint« (Bode I, 165) – ja, ha, siebenseltsam fürwahr, und das ist noch überaus milde und wielandtypisch graziös gesagt und vermeldet – der Wahrheit viel näher komme für dieses sein Weimarer Einstandsjahr (am 7.11.75 gelangte er hier an mit Sack und Pack sowie in der Asche einer gescheiterten Verlobung, wie ich sehr rasch erfuhr) schon vielmehr eher ich, welche bereits am 6.3.76 korrigiert und modifiziert: »Goethe wird hier geliebt und gehaßt« – was aber speziell Goethes jähe Neigung gegen mich betrifft, so habe ich's nachweislich auch schon 76 gewußt und ganz eindeutig und nachprüfbar dies zu Papier gebracht: »Ich fühl's, Goethe und ich werden niemals Freunde. Auch seine Art, mit unsern Geschlecht umzugehn, gefällt mir nicht. Er ist eigentlich, was man coquet nennt« (Bode I, 169).

Und darum und um ihn zu vexieren und zu foppen habe ich später ja auch alle meine Briefe an ihn zurückgefordert, erhalten und – verbrannt! Der »herrliche Mensch« sollte, nein, nicht mit der »herrlichen Seele« zum Nutzen der Goetheidolatrie (und Germanistik) gar zu verheiratet bleiben! Nein und abernein!

Goethe? Oh, wenn ich seiner gedenke! Ah, wenn ich hier auspacken würde!

Andererseits hat mir, zuzugeben, zu Anfang seine Art, mit dem anderen, unsern, Geschlecht umzugehen, eigentlich ja schon recht sehr gefallen. Jedenfalls mit mir, der immerhin schon 35jährigen praktisch von ihrem Ehemann (Gottlob Ernst Josias) abgetanen Ehefrau und stallmeisterlichen Hofdame und Mutter von nicht weniger als sieben Kindern (davon vier Töchter gleich tot). Ja, ich gesteh's, es hat mir durchaus geschmeichelt und wohltätig mich eingerieben, wie er mich zu jeder Zeit

»du liebster Traum meines Lebens« genannt hat – und aber auch sonst! Was er mich nicht alles geheißen, der Herrliche: »Gold«! Und »meine Beste« – und immer wieder »mein Engel« und »lieber Engel« und »Liebste« und »liebstes Geschöpf« (mein Favorite) und »Adieu meine Beste« – aber schon bei den Namensliebkosungen ist es ja wie ein Symbol dessen, was er mir am 14. Juni 1780 (ich habe natürlich noch alle seine Briefe, zum Beweis, vor Welt- und Gottesgericht!!) zu schreiben sich herabließ:

»Ich suche Sie und finde Sie nicht, ich folge Ihnen nach und erhasche Sie nicht« –

Ja, es ist wie in seinem netten Gedichte vom Liebhaber in den 1000 Gestalten, so war ich, ich und nur immer ich ihm eine – die! – Amante unter 1000 Namen und eben doch nie ganz zu erhaschen. D.h. anfangs schrieb er seine Briefe an mich ja noch im Stil des gar wilden Geniegetues in »Du«-Form, ich fand das schon ziemlich impertinent, wenngleich auch auf eine merkwürdige Manier recht kitzelnd, zumal mir ja zuvor schon durch meinen Freund Zimmermann (Arzt und Schriftsteller) die aufhorchenlassende Mitteilung zuteil geworden, daß man in dem Neuweimarer und Herzog-Berater(?) und Werther-Verfasser einen »liebenswürdigen und bezaubernden« Mann zu gewärtigen habe, der unsereinem sehr wohl »gefährlich werden« könne, ha

– und umgekehrt weiß ich ja sehr wohl, daß Goethe, als ihm Zimmermann im gleichen Jahr zu Straßburg meine Silhouette zeigt, drunter kritzelt:

»Es wäre ein herrliches Schauspiel zu sehen, wie die Welt sich in dieser Seele spiegelt. Sie sieht die Welt, wie sie ist, und doch durchs Medium der Liebe« –

»Herrlicher« über die »herrliche« Frau in einem »herrlichen« Schauspiel – doch, ja, es war eine herrliche Zeit damals, und so reimte denn Goethe auch schon ca. fünf Jahre vorher in Straßburg schon ja ganz zu Recht:

»Wie herrlich leuchtet mir die Natur auf der Flur«

Und bereits am 17. Mai 1776 berichtete er von Weimar aus seiner alten (ich ließ es durchgehen) Briefkameradin Auguste zu Stolberg, es sei ja »die Frau v. Stein ein Engel von einem Weibe«; und geschwind darauf schrieb er auch noch das Gedicht da:

»Alles geben die Götter, die unendlichen,
Ihren Lieblingen ganz,
Alle Freuden, die unendlichen,
Alle Schmerzen, die unendlichen, ganz.«

Damit meinte er allerdings meines Wissens nicht mich, sondern – im Morgengrauen – seinen neuen Weimarer Garten an der Ilm, den ihm der Herzog Carl August gleich zum Amtsantritt zum Geschenk gemacht hatte. Wenn dieser Herzog dann allerdings mitteilen zu müssen meint, ich, die Frau v. Stein, sei s. W. dagegen »kein großes Licht gewesen« (mündliche Überlieferung von 1828, anläßlich seines Todes, ich war schon im Jahr davor von hinnen gegangen, s. bei Seele, loc. cit., S. 59), dann zielt er damit gewiß nicht nur schwerstens daneben, er stemmt sich derart auch noch gegen die Einsichten seines alten Busenfreunds Goethe, der mich im Lauf der Zeit und jedenfalls bis ca. 1780 außer »Herrliche« und »Gold« und »Engel« ja auch noch for example »lieber Schutzgeist«, »Ancker zwischen diesen Klippen« (all diese Stellen in den Briefchen hab ich mit grünem Stift unterstrichen), »liebe Gewissheit«, »einzige Sicherheit meines Lebens«, »Besänftigerinn«, »süse Unterhaltung meines innersten Herzens« (ja, mit der Grammatik und Rechtschreibung haperte es damals bei ihm, dem ang. Titanen, in dieser Weimarer Perriode noch oftmals recht kläglich), »liebe Wohltäterinn«, »meine Seelenführerinn«, »lieber Schutzgeist« (hatten wir schon), »L. L.« (vermutlich: liebliche Lotte), »du tausendmal

Geliebte« (17.6.84) und so immer für und für; und schließlich – man staune und halte sich gut fest! – auch noch »lieber Anfang! liebes Ende!« und gar noch »liebes a und o du Inbegriff meiner Freuden und Schmerzen«. Ja, alles gab ich ihm damals, dem Lieblinge, ganz – alles »bis auf das eine« (Angelika Maass, Frankfurt 1999) natürlich (ich komme bei Gelegenheit darauf zurück) – und es kam, wie es freilich kommen mußte: Goethe, längst kein Newcomer und Greenhorn mehr bei uns im schönen Weimar, wurde langsam, was sage ich, wurde zügig übermütig und ausgelassen in Weimar, und v.a. in seinem Garten: »fand ich dass das Schicksaal da es mich hierher pflanzte vollkommen gemacht hat wie mans den Linden thut« (Brief an mich vom 7. und 8.11.77) – er ward auch dann schon bald (11.6.76) zum Geheimen Legationsrat mit Sitz und Stimme im herzöglichen Geheimen Consilium und (6.9.79) sogar zum »Geheimrat« bzw., um genau zu sein, zum »Geheimderath« bestellt und fand entsprechende Anstellung und Betätigung (seit 10.4.82 im erbl. Adelsstande durch Kaiser Joseph dem Zwoten) – kurz darauf starb Goethes Vater, offen gesagt: zu meiner klammheimlichen Schadensfreude – denn: Schon gar zu mächtig und glücklich war der Geheimrat Göthe binnen kürzestem geworden –

Meines Erachtens war die Ernennung zum Geheimen Legationsrat auch eigentlich ein Unding, ja ein ziemlicher Skandal und unziemlicher Unfug vor dem Erklärungshintergrund des damals zusammen und im Verein mit dem Herzog betriebenen Geniewesens und Kraftwesenprotzwahns, Goethe vermochte zu des Herzogs großer und sogar wohl etwas neidischer Freude ja damals auch bereits (bzw. noch!) fürchterlich viel Wein in sich zu versenken, vielleicht hatte er da noch von diesen Eskapaden her den Herzog irgendwie in der Hand und konnte ihn gar erpressen, denn eigentlich bitter nötig war der Beamte Goethe (wenn Sie mich fragen) zu der Zeit für das Ländchen Weimar eigentlich nicht, so ostentativisch und geballt er sich auch sofort

in irgendwelchen Bergbau und später noch Wegebau und noch später sogar aufs Finanzbudget stürzte! –

»Es glückt mir alles was ich nur angreife«, teilte er entsprechend dem Tagebuch im Mai 1780 mit, »mir schwindelte vor dem Gipfel des Glücks« (Tagebuch 2.4.1780) – nun ja, über jenem, der viele Jahre später zu Eckermann sagen sollte, es seien ihm »keine vier Wochen Glücks« beschert gewesen (der Unverschämte, ha!) – über dem schwebte damals tatsächlich F. Schillers Ring des Polykrates in seiner umso unbarmherzigeren Bestrafung dafür, daß er der ew. Götter gelben Neid gereizt – schon starb der Vater – und übrigens, welche Undankbarkeit! O quelle infame Gemeinheit! Allein schon mit mir erlebte und verlebte der Goethe mindestens vier Jahre ungebroch'nen, reinen, hohen Glücks! Vollkommen »schwerelose Jahre« wie viel später lt. eigener Aussage Brigitte Brandt mit Willy Brandt!

Goethe?! Oh! Oh! Oh!

In der Tat, genannter Schiller hatte schon durchaus recht: »Ein Egoist in ungewöhnlichem Grade« (F. Schiller). Und wie wahr spricht mir auch mein Lieblingsautor Jean Paul (Richter aus Wunsiedel) aus ganzer Seele: »Goethes Charakter ist fürchterlich; das Genie ohne Tugend muß dahin kommen« (Jean Paul).

Der Herzögl. Wegebauer? Hoi, daß ich nicht lache! Wegelagerer! Wegelagerer an den Pfaden von uns ach so leicht verführbaren Frauenzimmern, ecco, das war er! Und wo hat er schließlich seinen famosen Zwischenkiefer entdeckt? Und wurde damit endlich leidlich bekannt? Na, wo wohl schon.

Was mich (1742–1827) anlangt, so muß ich in jener Zeit aber eine schon sehr, eine überaus bezaubernde Frau gewesen sein mit tiefschwarzen Augen und jener bräunlichen Gesichtsfarbe, welche den Männern (und insbesondere einem, ich möchte hier keinen Namen nennen) so über die Maßen wohl gefiel, als etwas gleichsam Italienisches oder evtl. sogar Maurisches; ich war praktisch veranlagt und gleichwohl geistig interessiert und am wogend regsamen Geschaukel des zeitgenössischen Diskurses lebhaft Anteil nehmend, später schrieb ich ja auch sogar ein Schauspiel, »Dido«, in welchem ich mit Goethes Rankünе so unbarmherzig wie furienhaft feurig und genial und im Stil von Diderot abrechne; außerdem war ich, wenn ich heute die Quintessenz aus der Frau v. Stein-Forschung ziehe, fast elfenhaft, sylvidisch zart, wie es meine Verehrer (und meine Söhne) immer nannten, angetan mit einem durchs aufgebundene Kräuselhaar gezogenen Atlasband und mit einem feinen, subtilen und sensitiven Profil versehen (am besten und getreuesten erkennt man es in der bekannten Silberstiftzeichnung von 1780, einem sehr gelungenen Selbstportrait), das man auch in meinem 35. Jahr und darüber hinaus und trotz der sieben Kinder leicht ins Weichliche und sogar noch Mädchenhafte hineindenken und -deuten kann.

Andere unter den zahllosen Bildern von mir zeigen mich (von vorn) mehr fest und willensstark, freilich immer femmininn. Das berühmte Farbgemälde, auf welchem der Weimarer Geheimrat G., die Beine übereinandergeschlagen, eine Silhouette von mir hingerissen, schon mit fast hervorquellendem linken Auge betrachtet, stammt m.W. von Johann Ehrenfried Schumann (1778) bzw. von Georg Melchior Kraus (1776) und offenbart mich mehr weiblich und rundlich; item der Scherenschnitt, so mich im Verein mit der Büste meines jüngsten Sohns (Fritz) zeigt, jenes meines Benjamins, dessen pünktliche Erziehung sich der vorerwähnte Legationsrat G. bald persönlich angelegen sein ließ; während (nach einem bekannten Variations- und Permutationsgesetz aus dem gewaltigen Romane »Wahlverwandschaft«!) ich mich dann später besonders mit dem einzigen Sohn von G., August, sehr bald angefreundet habe, welcher sich seinerseits, ehe er in Italien verstarb, gar zu gern bei mir herumtrieb. Meinem eigenen (Liebling-)Sohne (Fritz) aber vermachte ich dann späterhin zu seiner ferneren Ausstaffierung jene ca. 1800 Briefe, welche G. in jener erwähnten frühen Zeit einst mir hatte zukommen lassen. Wie ich höre, hat Fritz davon guten Gebrauch gemacht, alles ist wohlgeordnet, gesammelt, datiert, entschlüsselt, decodiert und in sämtlichen Werkausgaben philologisch exzellent ediert. Mit Ausnahme natürlich jener, die, wie man weiß, G. 1816, als er seine »Italienischen Reiseerinnerungen« redigierte, sich von mir zurückerbeten und auch brav ordentlich zurückerhalten hatte.

Tempi passatti – mais, um darauf zurückzukommen: War er wohl wirklich jener »Kenner der Frauenseele«, als welchen die komplette Forschung genannten G. heute gesamt- oder doch mehrheitlich zu erkennen meint? Nun, erstens einmal hätte er dann natürlich füglich ja jene ominöse Weimarer kleine Gärtnerin niemals heiraten dürfen; zweitens ist wohl zur Gäntze ärgerlich und lächerlich, was er pro domo den Mephisto sagen und der Welt bekanntmachen heißt: »Die Weiber«, so glaubt jener Teufel (Faust I, V. 2026) voll Sophisterei aussprechen zu dürfen, ja zu müssen, seien allesamt »aus *einem* Punkte zu kurieren«! Ha! Wirklich? Und wer sah das aber gar nicht ein – und verweigerte nämlich nach dem momentanen Stand der Goethephilologie ganz hartnäckig den Zugang zu jenem *einen* Punkt? Ich dächte, es sähe sich genarrt, wer hier vorzüglich an jene Weimarer Iphigenie-Schauspielerin Corona Schröter dächte! Die er allerdings m. W. gleichfalls nicht herumkriegte! Obschon er als zuweilen sogenannter »Fasnachtsgoethe« immerzu mit jener Corona und mir zusammen am Hof von Weimar sich als begeisterter Eisläufer hervortat!!

Nein, ich berichtige es hier noch einmal und fasse für die Nachwelt zusammen:

Als »Cantus firmus«, also als festen Punkt in seinem Leben, hat besagter Goethe mich immer wieder und wiederholtest bezeichnet, nachdem er mich zu Beginn in Weimar noch mehr so »angenialisiert« (Meyer, S. 229) hatte; und schon am 29. 1. 76, die Verlobung samt Entlobung mit jener Lili lag da noch kein Jahr zurück, drang er (immerhin!) brieflich in mich, »du sollst mich auch ein Bissgen liebhaben« – denn: »Gold, du begreiffst nicht wie ich dich lieb hab« (28. 1. 76) – und in der Folge schrieb jener Goethe mir 1779 ja auch die allerschönsten Briefe aus der Schweiz und vom Gotthard herab, jene, welche von der führenden Germanistik seit mehr als 30 Lustren für seine sprudelndsten, quirligsten, hingerissensten erachtet werden, jawohl! Was waren dagegen all diese Mariannen, Philinen, Amazonen, Mignonen und wie sie sonst alle heißen mögen (die Pfarrerstochter, der Bankiers-Grasaff nicht zu vergessen!), was waren selbst all die nun in raschester Folge erdichteten Gestalten für die Wirklichkeit, in der Corona (d. i. die Schröter) »die Krone« und Charlotte (v. Stein, geb. von Schardt) »die Einzige« für ihn war. Welche letztere ihn allerdings entschieden dazu zwang, ja nolensvollends zwingen mußte, in seiner Dichtung – Ersatz anstatt Wirklichkeit zu finden! –

Dochdoch, ich – mußte es tun. Denn genau wie Goethe laut Schiller »gern solche Citronen ausquetscht« als da sind Lehrer,

Mittelsmänner, Helden usw. – so auch Frauen, und insbesondere mich, Charlotte Ernestine Albertine v. Stein geb. von Schardt! Ich mußte – mußte – Goethe wenn auch zuweilen ungerne ferne von jenem Punkt halten, den sein böses Altereco Mephistopfeles im Visiere hat – allein, Goethe wollte dies keusche Nebeneinander von geistlicher und sinnlicher Liebe am Ende nicht mehr begreifen, konnte es vielleicht auch nicht, ging endlich nach Italien, pardauz weg war er! – zuvor aber hat er versucht, diese ihm ungewohnte Situation, diese heute sog. Dichtothomyie in jenem fast allzu bekannten und seither geläufigen Versgedichte »Warum gabst du uns die tiefen Blicke« zu bewältigen (gemeint war mit dem »du« ich, v. Stein), auf dessen Schluß und Höhepunkt hin es dann vielsagend genug heißt:

»Ach, du warst in abgelegten Zeiten
Meine Schwester oder meine Frau –«

– mir zugesandt am 14. April 1776, und schon am 16. Aprile gesteht mir Wolfgang auch seine Liebe, allerdings mit »einer anhaltenden Resignation«, man versteht schon. Denn »Adieu, liebe Schwester, weil's denn so sein soll« – ja, auch G. hatte verstanden ... und schon wenig später (Meyer, S. 260) weiß er sich diesbezüglich in edler Resignation zu fassen: »Die Stein würzt mein Leben sehr viel. Sie hat meine Mutter, Schwester und Geliebten nach und nach geerbt, und es hat sich ein Band geflochten wie die Bande der Natur sind«. Eben. D. h. ja eben nicht, jedenfalls würde ich *so* weit nun auch wieder nicht gehen, ausgerechnet brüderlich-schwesterliche Empfindungen zwischen (angeblich!) Liebenden für die wahren geflochtenen Bande der Natur zu erachten. Außerdem weiß ich längstens doch recht gut, was von dieser »Schwester« zu halten ist. Erstens war ihm nämlich die geliebte eigene und eigentliche (Cornelia Schlosser, geb. G.) zu Emmentingen in der Schweiz früh und schmerzlich gestorben (Brief vom 16. Juni 1777), und der Bruder suchte also eine ersatzliche Schwester (wenn auch, kurios genug, erst *nach* dem Gedicht vom 14. April 1776). Zweitens habe ich inzwischen auch herausgekriegt, daß und wie Goethe ja auch noch ganz andere mit dieser scheint's voll-spiritualisierten Freundin-Schwester-Geliebte-Frau-Polyvalenz und -Metaphorik eingedeckt hat, z.B. brieflich dieses durchaus ominöse Gustchen (v. oder vielmehr zu Stolberg) – meines Wissens dann auch sogar die tolle und törichte Lili sowie meine dreiste Namensvetterin Lotte (»Charlotte«) aus Wetzlar, jene Böse, die den herrlichen Werther auf dem Gewissen hat – neinnein, von solchem Schwester-Geschwätz will ich nun nichts mehr hören, davon kann ich mir nichts, kann ich mir ja nur sehr wenig kaufen; »Goethes eigennützige kalt gewordene Seele« (Friedrich Schlegel, wie wahr!) hatte insgeheim und falsch wie eine kalt gewordene Schlange nur vor, mich von dieser Stelle aus und mit diesem schlüpfrigen Schwestertrick zu kurieren –

Goethe! Goethe! Goethe! Warum nur – hast Du Mir Das Alles angethan!?

Oh! Oh! Oh!

Crudel!

»Die Liebe giebt mir alles und wo die nicht ist, dresch ich Stroh.« So schrieb mir der Freche am 22.–24. Juli 1776 von Ilmenau, an mich, seine »Liebste«, an das »liebste Geschöpf«. Und doch, so hart es mich ankommt, ich muß es sagen, es muß ja doch einmal heraus: »Es ist alles dumm was ich sagen könnte«, teilt mir der Grausame schon im September drauf m.E. von Weimar nach Weimar mit – und genau so ist es leider auch, selbst wenn der Kecke dann fortfährt: »Ich seh dich eben künftig wie man Sterne sieht – denck das durch« – ja, leider, alles war dumm, was der Herrliche in seiner Hochgesinnung und in Höchstform da so Buntscheckiges schrieb und seimte, mich zu narren. Denn, nein, nein, es war ja schon so: Von der Liebe, von der Liebe jedenfalls zu (hohen) Frauen, so da eben keine billigen Schauspielerinnen und bedenkenlose Brigantinnen und Gärtnerinnenflittchen und Stopferln waren – von der Liebe verstand er *gar nichts*! Gar nichts, *rien*!! Vielleicht liebte er ja den Herzog: »Goethe ist sein alles«, teilte Wieland entsprechend schon am 11.1.76 der Sophie von LaRoche mit – Goethe war noch kein Vierteljahr bei uns in Weimar! Warum nicht auch umgekehrt?! Nun? Nun? Und wenn Wieland dann selber hingeschmolzen fortfährt, auch zu allen anderen sei er »so gut, so lieb, so unsäglich lieb, daß wir alle wie die Närrchen in ihn verliebt wurden« – dann kann ich für mein Teil hier nur sagen und bestätigen: *das* genau war seine Taktik, und das auch bei *mir*!! Er wollte – und jetzt spreche ich hier erstmals die volle Wahrheit ohne alle Scheuklappen und restlos rückhaltlos aus – hier in Weimar alle in sich verliebt machen, um derart all die von ihm vorher Abgewiesenen – alle Mann zurück: alle die ihn vorher Abweisenden sprich abgewiesen Habenden (Lotte, Maxe, Lili, Friederike v. S., Claudia Sch.) zutiefst zu beschämen – und folglich ganz perplex, ja verrückt zu machen!! Jawohl. Warum wohl hätte er sonst ausgerechnet mich erwählt und erkoren?! Gut, freilich, ich war damals schon seit 1758 durchaus ästimable und begehrenswürdige Hofdame im Dienste der Herzogin Anna Amalia, hatte bis 1774 »innerlich kränklich, innerlich unbefriedigt« (Goethe. Ein Bilderbuch, Leipzig o.J., S. 12) mit dem Herrn Stallmeister Josias Freiherr von Stein herumgelebt (ja, wirklich, Josias hieß er, wenn mich meine Erinnerungen nicht foppen) – nun, eigentlich bin ich auch gar nicht mehr so sicher, ob nicht Goethe meinen vermutlich von jenem komischen Josias herrührenden Sohn Fritz v. Stein in Tat und Wahrheit mehr liebte. Mehr als – mich! *Heureka.* Oder jedenfalls jene Maddalena Riggi, mit welcher Goethe dann 1786–87 in Rom gemein sich machte, um ganz offenbar erneut ein Werther-Schicksal erleben – zu wollen! Ach, hätte ihn nur deren geloser Herr Verlobter Giuseppe Volpato tot und über den Haufen geschossen! Pft! Ex! Morte!

O Goethe, pourquoi es-tu venu et turbavistibus circulos meos??

Doch, sicher, jawohl doch, ich erinnere mich noch gut, noch sehr gut erinnere ich mich, wie wir da einst im Mai (1776 ff.) an der Ilm, am Ufer unserer kleinen Schlängel-Ilm spazierten, des Abends, der Mond füllte schon wieder Busch und Tal stramm mit Nebelglanz – o ja, jeden Nachklang fühlt mein Herz heute, unfroh in düstrer Zeit, nimmer werd ich froh, so verrauschte Ilm und Kuß und so auch die Treue – – ha, nein, von der Liebe im engeren Sinne verstand er realitter nichts, dieser Goethe, das hatte ich bald raus. »Der Mensch ist doch au fond ein großes Ferkel«, glaubte er später, vergessend ganz der Zartheit unserer Ilm-Spazierwege der Welt so ehrvergessen wie fälschlich auf mich, die Hofdame, anspielend und alle Welt neugierig machend, auch noch mitteilen zu müssen, nun, sein sonderlich abgeschmacktes Komödienstück »Hanswursts Hochzeit« handelt in diesem Sinn dann auch so gut wie exklusiv und parfaitement von derartigen ausgesuchten und primitivsten Namens-Ferkeleien – und im nämlichen Athemzuge »aus Hans Wursts Papieren« (Ernst Johann, Unziemliche Sachen, 1980) findet sich ein Gedicht, welches ich bloß lediglich nur aus Beweis- und Dokumentationsgründen und mit dem Ausdruck rüdester Zurückweisung hier leider mitteilen und einfügen möchte, nein muß und nämlich mich genötigt sehe:

»Und hinterdrein komm ich bei Nacht
Und vögle sie daß alles kracht
Sie schwaumelt oben in höheren Sphären
Läßt sich unten
mit Marcks der Erde nähren …«

»Schwaumeln«? Impertinent! Ohohoh! Neinneinnein, von der Liebe verstand er absolut gar nichts. Konnte er bei seiner »angeborenen Unfähigkeit zum abstraktem, vom Anschaulichen des

Sonderfalls losgelöstem Denken« (H. Meyer, S. 295) einfach nichts verstehen absolument und partoutest nichts, nichts, nichts! Jawohl, »es ist alles dumm was ich sagen könnte« (a. a. O.) – allein in der perfidesten Weise sagte er es eben doch, dieser: Goethe! Goethe!! Ah nein doch! – doch ich will mich hier nicht in ekstattischen Ausrufen und convulsivischen Exklamationen verlieren – sondern vielmehr lieber weiter mit unwiderleglichen Beweisen aufwarten:

»Die Schönheit des Sittlichen« statuierte er, Goethe, dann als reichlich alter Herr einmal gegenüber Eckermann, übrigens am 1. April – aha! – 1827; und schon am 18.4. teilte er dem Lauschenden mit: »Das Schöne ist ein Urphänomen, das zwar nie selber zur Erscheinung kommt, dessen Abglanz aber [...] sichtbar wird.« Und: *Genau* vor dieser *Dialektik* des Schönen mit dem besagten Sittlichen ist Goethe letztendlich aber gescheitert. Gescheitert und zerspellt. Das wird ihm auch schon in der Schweiz klar: »Erst hier geht mir recht klar auf«, schreibt er mir 30.11.79 aus Zürich, »in was für einem sittlichen Todt wir gewöhnlich zusammen leben. Adieu meine Beste.«

Aha. Allein selbst diese Einsicht und Gewissenserforschung half wenig – und so mußte ich ihn denn schließlich schweren Herzens mit meinem späteren »Unmut Drama« genannt »Dido« (man versteht), eine meiner incalculabelsten Productionen zur endlichen Gewissensspiegelvorhaltung und zur reumütigen Raison zwingen ...

Gar zu sehr hatte mich, wie hinlänglich bekannt, die heimliche Abreise nach Italien 1786 und ff. gekränkt.

»Liebste Lotte«, so nannte er mich übrigens zuweilen in seinen hinreißerlichen Briefen auch. Und offen gesagt, diese Anrede gefiel mir am besten, tat mir am allerwohlsten. Richtig schwaumelwohl, ja. Tja, von Frauenherzen verstand er eben doch etwas, der Herr Rath G. Und jener Börne, dieser Wicht, muß ausgerechnet ihn, den Allesüberragenden mit den tollen

Feueraugen, den »grauen Star im deutschen Auge« (Ludw. Börne) nennen. Na bitte, diese trübe Tasse, nach der die Frankfurter Juden jetzt auch noch ihren extrem dummen Journalistenpreis benannt haben, die wird es wissen ... akkurat die ...

Ich jedenfalls weiß, was ich weiß. Nämlich daß zwar Goethe lt. Schiller in Weimar allzeit »zu viel Lärm« (an Humboldt 4.1.96) machte. Allein der Schiller machte eben umgekehrt in Jena zu »viel Geräusch«, so zahlt es der Böttiger (S. 38) eben jenem recht obskuren Schiller wieder heim.

Der mir übrigens dann auch so manches Mal auflauerte, als er von Jena nach Weimar abkommandiert wurde, und mit seinem sprichwörtlichen Flammenauge oft von ferne – – mais lassen wir das. Was wohl hätten wir beide Armen vorstellen und uns sagen können vor dem Hintergrund von Goethes über alle Maßen machtvoll drohendem Schatten, wie er sofort über unser beider Häupter dröhnend ja zusammengeschlagen wäre.

Genug, Merck meint dann am 8.8.1778 auch zu wissen (Bode, S. 231), daß seine, Goethes, »wahre Liebe gegen die Menschen geht« – wozu wohl vielleicht die Frauen doch weniger gehören. Zwar kontert ihm sein Briefpartner Wieland bereits am 3.6.78 (Bode, S. 230) mit einer abermals etwas abweichenden Meinung: »Goethe ist und bleibt mir einer der herrlichsten und liebsten Menschen auf Gottes Erdboden, und damit Punktum!« – zwischendurch muß man sich da auch einmal ausmalen, daß un-

sere Gelehrtenrepublik zu Weimar offenbar wenig anderes zu tun hatte, als – sei's auf, sei's unter jedem Niveau – mit- und übereinander zu tratschen, in Weimar zumal und wie in allg. Raserey als Weltrekordversuch! – ich erinnere hier daran, daß *ich* ja auch dann im nämlichen Diskurszusammenhang bereits am 21.6.1811 nachweislich an Knebel (Prinzenerzieher) schrieb, Goethe sei »etwas mager am Herzen« (Bode II, S. 518). Und nur vermeintlich widerspreche und darwiderrenne ich mir damit mit meinem zurecht weltberühmt gewordenen Brief an Charlotte Schiller vom 27.7.1795 (Bode II, S. 42), in welchem ich dem Verdacht bzw. Tratsch Herders an die Herzogin bzw. Karolines an Herder (Ehemann) entgegentrete, G. sei »in Italien sehr sinnlich geworden« – war er's denn vorher, unter meinem Paniere, etwa nicht? Unter mir, welche den, der da doppelt elend war, doppelt mit Erquickung kühlte, wie er in dem herrlichen und expressis verbis mir zugeeigneten höchst espressiven Gedicht uneingeschränkt mitteilte.

Oh! Oh! Oh!

»Katholisch« vielmehr sei er »zu Rom geworden«, steckt Friedrich Heinrich Jacobi schon am 3.10.1787 Johannes Müller in einem sehr vertraulichen Briefe (in: Goethe in vertraulichen Briefen seiner Zeitgenossen, zusammengestellt von Wilhelm Bode, Berlin und Weimar 1979, Band I, S. 341) – und dieser nämliche F. H. Jacobi hat sodann auch recht und findet meinen vollkommenen Beifall, wenn er schon weit vorher (Bode I, S. 244) einmal der Johanna Schlosser zutiefst vertraulich steckt: »Goethe kann gut und brav, auch groß sein; nur in der Liebe ist er nicht *rein.*« Genau! Und die Folge? »Goethe ist nicht glücklich und kann schwerlich glücklich werden.« Eben. Und daraus wiederum folgt was? Exakt, daß er, laut Jacobi (s. vorne im Buch), ein »ekelhafter« und »aufgeblasener Geck« ist. Der außerdem in Weimar und speciell nach seiner Heimkehr aus Italien (»Arkadien« nennt er's, ha, der Arge!) ungeachtet und trotz seines noch immer »unstäten Sinns« (Frau v. Stein schon 1776) und seines zunehmenden Faktotumstriebs und Tätigkeits- und Leistungswahns – immer dicker und also auch zügig immer unschöner wurde.

»Mein Gott Goethe«?! Den perniziös intrikaten Doppelsinn des Buchtitels des jungen nachgewachsenen Germanisten Leo Kreutzer von 1980 kann ich mithin hier nur bloß voll und aus voller Überzeugung und auch voller Ironismus unterschreiben: »Mein Gott, dieser Goethe ...« Noch immer läßt er mir auch hier im kühlen Grabe keine Ruh und auch ja seinen Deutschen nicht. Noch immer müssen diese »wunderlichen Leute« (Goethe über die Deutschen) ihn feiern. Feiern wie aus Bann, wie aus einem bösen Zwang heraus. Und sei's zu seinem 250. Geburtstag. Nur weil sie eben immer was zum Feiern und Verehren brauchen. Und in der Folge verehren sie dann auch gleich mich noch mit. Mich und diese ganzen anderen blöden Weibsen. In der Not fressen sie halt Fliegen.

Tz ... diese Deutschen!

Na und dann erst dieses traurige und sinistre, ja funesteste Kapitel mit seiner sog. Italienischen Reise, wie er sie später mitsamt dem Arkadienmotto benannte, mit ihrem Start samt heimlicher Abreise am 3. oder 4. September 1786, über Karlsbad und Waldsassen und sodann (knapp an Amberg vorbei!) Schwandorf direkt nach Brennero und Italien; auf der Route, wie sie eben seither Milliarden Deutschen (und sogar Schweden!) als vorgeschriebene Marschrichtung ins gelobte Land diente. Nun, ich halte mich mit einem Urteil hier selbstverständlich zurück ebenso wie mit meiner Verdammung oder gar Verurteilung dieser böslichen Perfidie – was folgte, ist soweit bekannt: Außer seiner (typisch!) Incognito-Einquartierung als angebl. »Filippo Miller, pittore« in Rom und seinem später journalistisch ausgeschlachteten Reisetagebuch sodann seine schlußendliche Entjungferung mit beinahe 40 Jahren, wie der Goetheforscher und

Psychoanalytiker Kurt R. Eissler (Goethe. A Psychoanalytic Study, 1963/87) nicht müde wird zu beschwören, und mich, Charlotte v. Stein, dabei entsprechend madig zu machen und anzuschwärzen.

»Ich werde als ein neuer Mensch zurückkommen«, gibt G. mehrfach und wie eine fixe Beschwörungsformel selber rechtzeitig die Parole aus (z.B. Brief an die Mutter 4.11.86) – und all die anderen: beteten es ihm dann kraftvoll nach. »Goethe gedeiht am besten in Rom«, so teilt Karoline Herder noch am 14.11.88 ihrem Manne mit – das hat sie mir zum Fleiß geschrieben (Bode I, S.369)! Die zentrale Frage des ominösen Dr. Eissler aber, ob ein so bezaubernder Jüngling wie Goethe tatsächlich erst mit 38 und ausgerechnet in Rom zum erstenmal zu einer Frau ins Bett gekrochen ist, die – weise ich hier erneut zurück. Wie soll ich das wissen? – ich war ja nicht dabei! Das rhythmische Rippengedengel und -getrommel, welches da der Herr römische Dichter in einer seiner dortigen u. abgeschmackten »Elegien« beschreibt, wie er es auf dem nackten(!) Rücken seiner Geliebten, ich vermute jener Maddalena, vollzieht, angeblich um »des Hexameters Maß leise mit fingernder Hand« besser zu bewältigen, ehe er sodann wiederum darangeht, »des lieblichen Busens Formen (zu) spähen« (ich habe es in meinem Lese-Exemplar alles purpurrot angestrichen!) – das: beweist für mein Dafürhalten *noch gar nichts.* Höchstens eben abermals Goethes fatale Neigung, Frauen gesellschaftlich immer wieder nach unten zu wählen (so ungefähr Albert Fuchs in seiner herrlichen Goethebiografie von 1994). So wie er später dann eben auch jenes Frl. Vulpius heiratete, bloß weil ihm das nämlich soziale Überlegenheitsfühle im Sinne seiner schändlich patriarchalen Weltordnung einjagte und ihn blähte!! Ich weiß es doch! Und außerdem diente ihm die Italienreise eigentlich letztlich nur so recht zum Beweise, wie gänzlich verzichtbar er, Goethe, war hier bei uns in Weimar. Aber: »Die Dinge liefen genau so gut ohne

Goethe« (H. Meyer, S. 243). Ganz davon zu schweigen, daß diese Italienreise laut Ortega y Gasset (Um einen Goethe von innen bittend, 1934) ja nur einer, nicht einmal der erste, in der Reihe der »Fluchtversuche Goethes« (so der sehr große Spanier) war, nach Italien, sprich: Arkadien, auf den Olymp, endlich gar in den Orient – na und?? War *ich* eben mindestens die *erste*, vor der er noch – über Landesgrenzen hinweg floh! Und außerdem: *So toll* war dieses elegische römische Liebesgetrommel auf Rücken und Hüfte überhaupt gar nicht! Laut Karl Otto Conrady (a.a.O., S. 66) dichtete Goethe zu Leipzig schon viel »erotischer« als dann später! Wahrscheinlich konnte er da aus Angst vor diesem leidenschaftlichen, mir sehr gefallenden Verlobten Giuseppe Volpato nicht recht mehr.

O pfui doch über ihn, den Unverschämten! Pfui und dreimal Wehe! Brrr! Phhh!

Non mi lasciare, o speme di vendetta!

»Ich werde«, so schrieb er mir am 4. Nov. 86 (an dem Tag, s.o., schmierte er ja offenbar jede Menge Briefe zusammen!) scheinheilig, »als ein neuer Mensch zurückkommen!« Na bitte! Der gleiche Wortlaut wie an seine Frau Mutter! Ha! Haha! Und – warum eigentlich – »neuer Mensch«? Wie bitte?? »Was suchte er in Italien« eigentlich, um Hans Mayers Frage von 1973 hier nochmals aufzuwerfen, »was hat er dort gefunden?« Mußte er hin aus purem angebl. Arbeitsethos, wegen der prompten Erfüllung dieser neualt-deutschen Italienausreißersehnsucht? Oder also doch wg. der »schönen Mailänderin«, dieser ach so tollen Maddalena? Der Faustina also? Oder gar wegen jener ihn sofort schärfstens anschwärmenden Schweizer Malerin Angelika Kauffmann (Chur), dieser vogelwild in Rom herumgammelnden angeblichen »zarten Seele«, welcher er, Goethe, seine »Iphigenie« – also, ha, praktisch mich! – vorlas! Na, ob es da wirklich beim zartsinnigen Vorlesen geblieben ist?! Oder haben wir da vielleicht vielmehr übers Schönäugeln hinaus auch mit Händen und Füßen noch ein artiges Greifeln und abermals Hexameterdengeln veranstaltet, mein Herr Goethe? Mit Hängen und Würgen gleichfalls das ach ja so unschuldige Schweizerblut mit dem römischen Rippengehacke angesteckt, Mynherr Miller-Sauschwanz aus Weimar? Ah, come una furia disperata (Mozart, Don Juan, im gleichen Jahr 1787!) et inflammata und rasend wie der Rolando furioso ganz enormo wäre ich da gern dabeigewesen und dazwischengefahren wie das Hl. Hoch- und peinlich befragende Gottesgericht, ah, Goethe, Du Kröte! Du römischer Weibergackerfrosch subaquasubaqua! Als ging mir ein Mühlstein im Kopfe herum, ah, so rast's noch immer, mehr als zweihundert Jahre später in mir, der derart schlimm Gekränkten, ja ganz flammengleich und zwicklerisch da unter meinem fraulich geknickten und so sehr beleidigten Herzen! Und deshalb hat sogar Goethe selber vollkommen recht, wenn er da bereits am 17. Mai 1776 seinem Stolbergschen Gustchen (warum eigentlich nicht *mir*? Wir waren da doch schon ein Paar; hah, der neuen Raserey!) brieflich dieses ausplaudert:

»Was rechte Weiber sind sollten keine Männer lieben, wir sinds nicht werth« – sogar mit »th«, wahrscheinlich irgend so

eine pikante Anspielung auf seinen Werther und seine achach noch viel vielgeliebtere Lotte, oh oh oh und weia geschrien – nein, du hast aber doch ganz recht, du Mann und Mostro! Die Ungeheuer sind's nun mal nicht werthhh!

Apage Satanamm! Ah! Packe dich!

»Liebe liebe Lotte«, sehe ich grade beim abermaligen Briefdurchblättern, so penetriert er mich einmal (12.5.82) – und da! noch aus Rom herauf beschwört er mich schwerst und tiefst Dupierte noch am 23.12.86: »Im Leben und im Tod der Deine«.

Scheint ihm nicht gar zu gut gegangen zu sein, in diesem seinem Rom da unten, einen Tag vor Weihnachten – daß er mir gar so hundjämmerlich melodramatisch vorwinselt: »Im Tod der Deine« – ja Pfeifendeckel. Und was lesen wir da im Brieflein aus Rom ein halbes Jährchen später, am 9.6.87 also: »Ich bin mir selbst wiedergegeben und nur umsomehr dein.« O der Sophisterei! O des Schönschwätzers und Pharisäers, den ich aber seinerzeit noch immer nicht ganz und vollends durchschaute! Leider. Eins aber weiß ich heute, weiß ich viel präciser als alle anderen, außer dem Arno Schmidt, der nimmt es mir nämlich aus dem Mund: »Goethe, das ist die Angst vor dem Tode« (A. Schmidt), jawohl, die ließ ihn nämlich lebenslang nicht mehr los, die ließ ihn allzeit zappeln und flattern und tiefinnerlich flennen. Und genaugenommen ist es noch über die Angst vorm Tod hinaus die »Angst vor dem Teufel«, welche ihm Erich Kuby irgendwann einmal um 1965 rum im Nachrichtenmagazin »Der Spiegel« nachhöhnte. Und nämlich accurat – das ist es. Sie, diese Angst, hieß ihn letzten Endes den »Faust« schreiben, mit dem Ziele und dem im Grunde recht billigen Trickchen, aus dem gefürchteten Teufel als seinem Mephistopfeles eine sympathischlustige Person zu fertigen. Ihn derart schlicht rein rethorisch zu neutralisieren. Mein Gott, Goethe ...

Genug, zurückgekehrt aus Italien heiratete der Herr Dichter

und schon baldige Olympier dann ja schleunigst die kleine Vulpius, nur weil er (laut Böttiger, S. 77) das Frl. Voß nicht kriegte und mit mir nicht mehr zurechtkam, nur deshalb »griff er zur Dame Vulpia«, na klar. Und warum? »Die Stein«, steckt nach Goethes Heimkehr Karoline Herder sofort ihrem noch zu Rom aufhältigen Manne, »meint, er sei sinnlich geworden, und sie hat nicht ganz unrecht.« Ganz und gar unrecht hatte dagegen gleichzeitig unsere Herzogin Luise, als die damit hausierenging u. herumerzählte, sie könne verstehen, daß Goethe »von der Stein nichts mehr wissen will, weil sie immer streitet«. Was nicht gar. Alles gelogen. Lug und Trug. Und: Einwandfrei wollte *ich* nichts mehr wissen von diesem Quartelitaliener, ha, ich habe ihm jene Vulpia ja fast selber zugeführt. Oder sie ihm jedenfalls gerne zugemutet. Doch. Nun denn, und in gewisser Weise versöhnte es mich aber ja auch schon, daß ihm diese Vulpius in der späteren Folge dann erwartbar wenig Segen brachte – daß also Goethe bereits 1828 (9.10.) seinem J. P. Eckermann aufseufzend eingestehen mußte: »Ich bin, mit meinem Zustande in Rom verglichen, eigentlich nachher nie wieder froh geworden.« Und schon gleich gar nicht mit dieser Person Vulpius und ihrem offensichtlich besonders vulkanartigen Vulvahügel, speiender als der Vesuv (s. Italienische Reise)! Vonwegen »Es sei wie es wolle, es war halt doch so schön« (Faust II). Einen Dreck! Und obwohl ich mich ja später im Alter mit Goethe pro forma und wegen dem kleinen August wieder ein bißchen versöhnt habe und er mich deshalb in seinem letzten Brief auch »Meine Teuerste« (29.8.26) anredet; auch wg. meiner zunehmenden Einsamkeit und weil ich auch immerzu noch häßlicher wurde, siehe das schierliche Pfuiteufel-Bildnis der Luise Seidler –: Eines muß ich schon sagen, muß ich aussprechen selbst sub specie mortis, dem wir beide, G. und ich, inzwischen längst unterworfen sind: Ganz recht hat jener Euripides, der Goethe, von mir abgesehen, das Bildnis der Iphigenie vorgab, wenn er irgendwo schreibt:

»Es gibt nichts Schöneres als den Anblick eines alten Feindes, den das Glück verlassen hat.«

Ein verteufelt humanes Wort! Denn wissen Sie, was ich dem Goethe nämlich am allermeisten und unbarmherzigsten nachtrage und übelnehme? Daß er nämlich, um auf »das A und O aller Goethe-Stein-Forschung« (Hans Arsch von Rippach II) zurückzukommen: Haben sie nun oder haben sie nicht? – kurzummerdumm: daß ich ihn, Goethe, den »dick mürrischen« (so ich im Juli 1794 an meinen lieben Sohn Fritz, genannt auch Friedrich) Geheimrat, zwar von Beginn 1775 ff. an m.E. allzeit streng zurückwies und -weisen mußte, mußte; daß ihm, Goethe, und immerhin ein Forscher (Heinrich Meyer, S. 229) hat es spät, aber doch noch spitzgekriegt, dieses allerdings umgekehrt auch sehr und durchaus recht war; insofern er, Goethe, ungeachtet allen talfüllend seelenlösend höchst beachtlichen Mondes überm weiten Ilm-Auental mich insgeheim – »ja im Ernst auch gar nicht wollte«.

Und diese zuallertieffste Frauenfeindlichkeit, diese verzeihe ich ihm nie. So wenig wie ich sie ihm seinerzeit verzeihen konnte, o nein und abernein! Und mein alter Freund Wilhelm Waiblinger hat also schon am 12.4.1821 durchaus u. völlig recht: »Man sollte Goethe aus der Welt schaffen.« Und nicht noch 1999 dicke Feste um ihn herum veranstalten! Mit dicken Büchern über seine Frauen, sprich seine angestammt gennuine Frauenfeindschaftsnatur! »Eigentlich ein Hund, dieser Goethe«, so erstaunt sich im Verbund mit der Versöhnungserschleichnis der Goetheschen »Novelle« der Dichter Gottfried Benn am 17.1.1936 im Brief an F.W. Bernstein pardon: Oelze – fast bewundernd, anerkennend. Ich aber verrate euch hier die ganze Wahrheit: Er war ein Sauhund, ein Caneporco!

O birbo assassino! Io te maledico! Sia maledettto eternamente! Und ich gehe sogar noch einen Schritt weiter:

O wäre so einem Menschen doch ein Mühlstein an seinen

männlichsten Teil gehängt! O hätte er doch besser gar keine Möglichkeit, sich seiner derart unhandlich oder jedenfalls gottlos zu bedienen!

Maledizione!

Utinam er sich doch mir und meinem gottverdammten Uterus doch nie genähert haben möchte!!

Niemals!

Versteht sich, daß ich ihm nach seiner Rückkehr aus Italien am 18. Juni 1788 nach Weimar praktisch ab sofort u. stantepe Hausverbot erteilen mußte. Nämlich, um das noch einmal in aller geschärften Härte und gebotenen Befestigung gußeisern klarzustellen und ehern an Land zu ziehen: Nicht er, Goethe, hat mich, Stein, verlassen, o nein doch; sondern umgekehrt, ich, Stein, ja Goethe, ihn.

So wie späterhin Gertrude Stein einst Hemingway; nicht er, Hemingway, sie, Stein.

Daher und nirgendwoandersher ja auch der Name »Lost generation« und die Bedeutung des biblischen Abrats, bedenkenlos mit Steinen um sich zu werfen ...

Christiane

Ich, Christiane von Goethe, geb. Vulpius, war nach der Aussage von keiner geringeren als meines Mannes Johann Wolfgang v. Goethes Mutter Frau Rat Catharina Elisabeth Aja Goethe Goethes weltbekannter lieber »Bettschatz«; so wollte ich mein mir zustehendes Kapitel in diesem Buche eigentlich auch überschreiben, um schon mit dieser Titelattraktion den wünschenswerten Erfolg zu steigern, allein der Herausgeber, der Herr H., ein sehr gestrenger Mann, hat es nicht zugelassen; aber immerhin hat er mir erlaubt u. gestattet, mein Kapitel damit gleich zu beginnen, das habe ich ihm unter allerlei Versprechungen abgerungen und dabei auch schön und bestrickend wie eh mit dem Blicken zu ihm hochgeäugelt, dem durchaus groß und edel gewachsenen Manne – so wie damals, am (gelobt sei der Tag und die Nacht dazu!) 12. Juli 1788, wo ich ihm, dem Minister und Geheimrath Goethe, damals im Weimarer Ilmpark (der Goethe war grad seine vier Wochen aus Italien zurück, so lang mußte ich damit warten) eine Bittschrift zugunsten meines Bruders Christian August Vulpius übergab, des noch gänzlich unbekannten Verfassers des späteren Räuberromans »Rinaldo Rinaldini« (der gleichwohl beinahe noch meines Mannes »Werther«-Roman ausstechen sollte; zu schweigen von dem »Wahlverwandtschaften«-Schmöker, der machte ja schon überhaupt gar keine Auflage); und ich vergaß natürlich wieder nicht, gar süß und vielversprechend und im Stile von uns Kunstblumenmanufakturistinnen auch an ihm, Goethe, emporzuäugeln, obwohl ich dabei ganz sicher war, daß uns vielleicht schon aus einigen hundert Meter Entfernung so manche Corona oder Charlotte (Stein oder Schiller oder quodlibet) mit dem Feldstecher oder Opernglas beobachten würde. Nun, die Gelegenheit war für mich überaus gut und günstig. Von meinem Bruder und manchen Einzelhändlern in Weimar wußte ich ja, daß Goethe in einer etwas ungastlichen Manier aus Rom zurück nach Weimar eingetroffen war, namentlich seine vormalige Zentral-Geliebte (Stein) hatte er, wie er mir später bald unter Seufzen, aber auch schon wieder Lachen berichtete, in einer reichlich sonderbaren Stimmung vorgefunden, was für ihn alles äußerst empfindlich war und er die kalte u. schroffe Art, wie sie ihn behandelte, nicht erdulden konnte noch wollte – was wunder, daß der Geheimrath da seine Empfindungen eben schon sehr bald mir gönnte; und wir also m.E. in der selben Nacht noch handelseins wurden und folglich den »Beginn unserer Lebensgemeinschaft« (Meyers Lexikon) feierten, ich als sein »guter Schatz« oder eben sein »Bettschatz« – er aber (ich hab das sodann immer aus Mutwillen umgedreht) als mein »Bettmatz«, und unser daraus entsprossener gemeins. Sohn August gen. »Gustl« immer dann als Bettscheißer, genannt auch Hosenscheißer.

Er starb ja dann früh m. W. in Padua (Italien), vorher aber haben August und ich ihn, den Geheimrat, 1792 noch zu seiner Mutter Elisabeth Aja, geb. Textor, begleitet. August (Goethe schrieb ihn immer »Gustel«, ich aus Bosheit »Gustl«, ohja, ich hatte auch meinen eigenen Kopf!) war da schon drei, die liebe Frau Rath Aja jedoch bereits seit zehn Jahren Witwe. Sie freute sich aber sehr an diesem letzten Besuch ihres »Hätschelhans« (obwohl sie ja noch 16 Jahre leben sollte), und sie nannte mich jetzt auch nicht mehr »Frl. Bettschatz« o. dgl., sondern vielmehr »liebe Freundin« und »liebe Tochter«, und das machte mich ja fast noch glücklicher, und es fiel mir da auch noch leichter zu vergessen, daß z.B. diese Frau Stein mich dereinst als »Kreatürchen« zu disqualifizieren beabsichtigte und trachtete. Gelang ihr aber nicht, wäre ja noch schöner.

Geheiratet haben wir, der Rat und ich, allerdings trotzdem erst am 19. Oktober 1806.

Vorher waren wir, wie Goethe einmal 1790 jemandem auf Anfrage sagte, zwar auch »verheiratet«, nur noch »nicht mit Zeremonie«. Geheiratet übrigens in der Sakristei der Weimarer Jakobkirche, wo heute noch deswegen ein Denkmal steht. Und wir haben mit dem Traupriester N. N. im Verein dann dort auch stantepe vom kraftvollen Meßwein (Würzburger Stein) pokulieret. Vorher hatte Goethe ja nämlich kaum Zeit. Nicht nur dichtete er damals sehr viel, z.T. wirklich schon ganz wild, also gleichzeitig und kreuzweis durcheinander Hexameter, Pentameter, Terzinnen, Distichonen, Xeniens, Prosa, Enjambments und sogar Henndidadidyns, wie's grad kam, praktisch jeden Tag was Neues und anderes (Metamorphose der Pflanze, Wilhelm Meisters Lehrzeit, Zauberlehrling); er mußte ja auch dann außerdem noch zum Herzog (Carl August) als eine Art Schlachtenbummler-Chronist ins Feldlager (m. W. Preußen gegen Frankreich) nachreisen und ihm dabei seelisch beistehen – ich muß aber trotzdem sagen, ich war darüber nicht sehr traurig, schrieb er mir, nominell Christiane Vulpius, dabei doch wie einer rechtmäßigen Ehefrau die allerschönsten Briefe aus der Entfernung, daß ich also z.B. sein »Liebchen« sei, das schreibt er ausgerechnet aus Verdun (10.9.92), und das wichtigste jedoch sei, »daß wir uns liebhaben«, und falls ich gut fürs Bübchen sorgte, dann sei ich nicht nur sein Bett-, sondern auch sein »Guter Hausschatz«, welchen er »herzlich lieb habe«. Oder: »Betrübe dich nicht, denke, daß ich dich liebe.« Und wieder ein andermal: »Adieu, lieber Engel, ich bin ganz dein.« Und immer wieder damals: »Grüße Meyern und liebe mich!«

Was könnte, möchte, dürfte eine Frau lieber zu lesen kriegen? Und oftmals, so zu meinem Geburtstag, am 5.8.1788 war auch Obst für mich u. August dabei. Ohja. Nun, das mit Meyer Nikolaus, Bremer Arzt, war so: Diesen grüßte der Geheime Rath wie in einem gew. Zwang ja fast immer; wie auch m.W. dann im Briefwechsel mit Schiller; es war dies allerdings genau zu nehmen wieder ein andrer Meyer, der sogenannte »Kunscht-Meyer«, ein recht langweiliger Schweizer, welchen mein Mann also aus Italien (Rom) praktisch mit nach Weimar angeschleppt hatte. Und es muß mit diesem Maler und Altertumsforscher Johann Heinrich Meyer (auch Meier, Mayer; da gingen die Meinungen auseinander) aber schon eine bestimmte und gewisse und geheime Bewandtnis gehabt haben, denn es blieb ja nicht einmal beim beharrlichen Grüßen dieses ebendeshalb späterhin sogenannten »Grüß-Meyer« (F.W. Bernstein); sondern einmal, am 11. Sept. 1797, schreibt mein späterer Mann doch tatsächlich in einen Brief hinein:

»Mein einziger Wunsch bleibt immer, daß ich mit dir und dem Kinde, wenn seine Natur ein bißchen mehr befestigt ist, und mit Meyern noch einmal eine schöne Reise tun möchte« – das aber war m.E. wieder der Bremer Meyer. Scheint's grüßte der Geheimrath egalweg immer alle Meyer ad lib. – Also, man muß sich das gefestigten Gemüts einmal ganz ruhig vorstellen, diese oberflächlich scheinbar unverfängliche und unverächtliche, in Wahrheit jedoch gewiß doch mehr als kuriose, ja richtiggehend verwerfliche Reisegruppe und Viererbande! Man dächte ja beinahe, Goethe hätte, wenn schon die Sache Fr. v. Stein erledigt u. abgetan, mit diesen div. Grüß-Meyers was gehabt, wie kurz vorher Mozarts Witwe mit dem Mozart seinem Schüler Süß-Mayr (Franz Xaver); worauf Goethe dann also im Sinn seines Aufsatzes von den »Wiederholten Spiegelungen« (er hat es mir mal erklärt, ich hab aber, ehrlich, alles sofort wieder vergessen) ganz verklausuliert und doch offenherzig anzuspielen trachtete?! Als sein süßes – Geheimnis (ein alter Geheimniskrämer und Geheimniserfinder war er ja stets, der Herr Gemahl)? Oder gar, daß er mir vielleicht diesen (aber gar nicht süßen!) Nik. Meyer zugedacht, um so umso herzhafter seinen div. Secundär-Amours mit diesen Silvie und Minna Herzlieb usw. –??

Das wäre üble Reisegemeinschaft.

Genug, insgesamt war der Herr Rath und Herzogl. Minister aber damals immer gut und brav zu mir und führte in Weimar auch das Ostereiersuchen am Gründonnerstag ein und verhielt sich überhaupt ganz tapfer und hielt dem damaligen Weimarer Gespött vonwegen »Vulpia« und »Kreatürchen« (v. Stein) mit vielfachen briefverkehrlich nachweisbaren Anreden und Würdigungen wie »Engel« und »Liebchen« und »Mein liebes Kind« scharf darwider und bot dem Gerede der v. Stein und ihrer Freundin Charlotte v. Schiller, das mir zu Beginn oft schon recht fatal wurde, Einhalt und lehrte diese Bösen und Mißgesinnten und Malcontenten Mores wie z. B. diesen Gymnasiallehreroberaffen Karl August Böttiger, der da von mir nicht allein als »Dame Vulpia« als der »bisherigen«(!) »Mätresse« vom Goethe Gift geunkt hatte; sondern diese ihm offenbar tiefst verächtliche und degoutierliche »Demoiselle Vulpius« auch in seinen böslichen Tratsch-Aufzeichnungen introduziert hatte als »eine kleine, unansehnliche Person«, »die mit dem so wohlgewachsenen Goethe nicht wenig kontrastiert«. Im Gegenteil betonte hingegen Goethe (im Tagebuch) von Anfang unserer sog. wilden Ehe an die neuen »angenehmen häuslichen Verhältnisse«, und also, um das vor der Göttin der Geschichte einmal klarzustellen: 1. Als einmal »ein sehr hübsches, freundliches, fleißiges Mädchen« mit »ihrem apfelrunden, frischen Gesicht« schildert mich die berühmte Schauspielerin Karoline Jagemann in ihren »Erinnerungen« (Dresden 1926, p. 97) – und sie war mir streckenweise immerhin sogar Rivalin, ehe mein hoher Gemahl mir dann jedoch den Vorzug gab. 2. Der Goethe war m. E. damals auch nur mehr höchstens 1 Meter 73 hoch; und ich nach meinen Unterlagen 1.58; also auch nur 1 cm noch kleiner als wie jene großartige iphigenienhoheitliche Frau von Backstein, die es ja doch auch nur (jawohl, Sie hören recht!) auf 1.60 Meter (und später sogar noch darunter) gebracht hatte, werther Herr

Schwätzmeister und Oberschafskopf Böttiger mit seinen m.E. grad mal 1.64 Meter!

Gewiß, auch Goethe selbst soll mich in der Öffentlichkeit immer nur »das Frauchen« genannt haben, wie er dem Wilhelm von Humboldt gegenüber es tut, der es schon am 17.6.1812 seiner Gemahlin weitertratscht (Bode II, S. 564). Indessen, noch bei der nämlichen tollen Unterhaltung zwischen diesen beiden Universalgelehrten hat Goethe dieses Frauchen, also mich, zu den »Annehmlichkeiten Weimars« (naja, sonst war da ja wirklich nicht viel) gerechnet, und es auch sonst nicht an Aufmerksamkeiten und Holdheiten wider mich fehlen lassen. »Ich sehe der Zeit mit Sehnsucht entgegen«, schreibt er mir da z.B. am 12.9.1797 aus Tübingen aus dem Haus von seinem Buchhändler Cotta, »da ich euch wieder antreffe und durch meine Gegenwart vollkommen beruhigen werde. Lebe recht wohl« etc. – »Küsse den Kleinen tausendmal« –

Freilich, das habe ich dann auch getan, vier andere Kinder sind uns ja gottsei's geklagt hinweggestorben, wir sind aber nicht müde geworden, es immer und immer wieder zu probieren – und schier bin ich manchmal schamrot geworden, wie direkt mein Mannschatz in seinen Brieflein zuweilen dadrauf zu sprechen kommt – Momentchen, hier: »... daß ich dich recht lieb habe. Wärst du nur jetzt bei mir«, so schreibt er mir (den Brief hatten wir vorhin schon mal, es ist mein lieblichster!), »es sind überall große breite Betten und du solltest dich nicht beklagen wie es manchmal zu Hause geschieht. Ach! Mein Liebchen! Es ist nichts besser als beisammen zu sein« –

In diesem Trott geht es dann noch eine Zeitlang weiter. Ein andermal, am 14. Juli 1803, schmeichelt er mir: »Ich freue mich deiner Freude« – wahrscheinlich meinte er damit meine unauslöschliche Tanzlust, die fast noch meine sagenhafte Eß- und Trinklust in den Schatten stellte und der ich mich bei meinem (während der Gatte meist im böhmischen Karlsbad weilte) besonders häufigen Kuraufenthalten in Lauchstädt (nordöstlich von Weimar) immer besonders hemmungslos hingab. Immerzu habe »die Mutter fürchterlich getanzt«, erinnert sich sogar mein Sohn, und desgleichen an ihre (meine) Leidenschaft fürs Schlittschuhlaufen u. Champagnersauffen. Nun, Gustl (August) war da, 1803, ja schon an die 14 Jahre alt und sollte bald zur Universität nach Paris kommen und war auch sonst seinem Vater so ziemlich wie aus dem Gesicht geschnitten, obgleich wir unsere fast 18jährige »Gewissensehe« (J.W. v. Goethe) erst zu Weihnachten 1806 einigermaßen legalisierten und dem »breiten Bett«, wie es der Geheimrath in anspielungsreichstem Dichterthume nennt, einen halbwegs seriösen und bürgerlich-sakralen Anstrich zu geben vermochten – letzten Endes auch dem Augustchen zuliebe, der oft von der Schule heimkam und darüber klagte, andere Kinder hätten allesamt einen ordentlichen Herrn Papa usw., und der Herr Böttiger habe ihm deshalb sogar Sohlenstreiche verabreicht. Oder jedenfalls angedroht.

Nun, Augustchen hatte eben manchesmal eine schon allzu starke Phantasie, wie sein guter Vater war er genuin Dichter und Genie zumal – in solchen Augenblicken der Anfechtung tröstete uns dann aber doch immer wieder eben dieses Vaters freundliches Wort, z.B. das schon gewürdigte vom 25. August, ganz besonders berückend: »Adieu, lieber Engel. ich bin ganz dein.« Oder, mein zweitliebster Brief überhaupt, vom 15. August 1797 (!)aus Frankfurt: »Meine Mutter hat dich recht lieb, und lobt dich und erfreut sich des Kleinen.«

Das war dann auch schon ihr letztes Wort, und nämlich Goethes letzter Besuch bei ihr. Die Mutter starb knapp nach unserer Weimarer Trauung, wo sie aber nicht mit von der Partie war, aber wohl mehr aus Zufallsgründen. Friede ihrer lieben Asche.

Und schließlich, auch selbst diese mir so arge Frau Ch. v. Stein muß endlich und beschämt zugeben, daß ihm, Goethe, »bei seinem Christelchen wohler als auf Reisen ist«, schon weil er sich da immerfort so sehr auf den »großen Ofen« (Brief an die zwei Herders vom 11.9.90) zuhause freuen möchte.

Sogar der mir so übelgesinnte Böttiger muß jetzt eingestehen: »Goethes jetzige Häuslichkeit (1791): Abends sitzt er in seiner wohlgeheizten Stube, eine Fuhrmannsmütze auf dem Kopf, ein Wolljäckchen und lange Flauschpantalons an, in niedergetretenen Pantoffeln und herabhängenden Strümpfen im Lehnstuhl, während sein kleiner Junge auf seinen Knien schaukelt. Auf der anderen Seite die Donna Vulpia mit dem Strickstrumpf. Dies ist die Familiengruppe« (Mit Goethe durch das Jahr, Kalender für 1981, S.31).

Ja, leidergottes, allerdings viel unterwegs war er damals, der geheime und manchmals recht auch geheimtuerische Rath, und er ließ uns hier viel allein, Augustchen (Gustl) und mich dazu, jedoch ich verzeih es meinem lieben Mann, hat er doch sonst sehr wohl an uns getan, und bezog z.B. auch mit 1200 Talern Gehalt viel mehr als ein Arzt oder Roßarzt oder auch nur Professor im Herzogtume Weimar. Da konnte ich natürlich gut wirtschaften und auskommen, während er »beim Regieren« für die Wegebaukommission herumkutschierte und als »Pontifex Maximus«, wie es der Herder damals immer ein bißchen spottvoll nannte, unser kleines Herzogtum Sachsen-Weimar-Eisenach in einer wahren Syssifusarbeit ein wenig wegsamer und dem Verkehre zugänglicher machte, als Direktor dieser Kommission nämlich, für den Fall, daß er als Schriftsteller und Poete vielleicht halt doch nicht in die Welt- und Nationalgeschichte eingehen sollte und könnte, trotz seiner recht schönen Talente.

Und wem dankte mein 1. Mann aber diesen Segen? Dieses erstaunenswerte hohe Beamtengehalt? Richtig, dem Herzog Carl August natürlich, seinem alten Duzfreund, der ihn ja doch nach hierher berufen und auch bald in den Adelsstand versetzt und ihm auch das schöne spätere Gartenhaus (ursp. Küferhaus) an der Ilm gleich geschenkt und spendiert, in welchem wir (jetzt kann ich es ja als im nachhinein legalisierte Frau gestehen) auch gleich in der selben Nacht des genannten 12. Juli (sia benedetto il giorno, wie Petracca sagt) gleich eins und einig wurden. Klar doch, Goethe war ja wohl von der Italienischen Heimreise her ein bißchen nach Weiberfleisch ausgehungert und ich eine 23jährige braungelockte und recht schelmisch dreinäugende Unschuldsmietze, die sich ganz gern (Goethe hat davon noch im gleichen Jahr eine Bleistiftzeichnung gefertigt) auf Sofas scheinbar zum Einschlafen – – – hinlegte – und selbst eine von Goethes div. Geliebten, die Schauspielerin Caroline Jagemann, muß in ihren oben ja schon teilcitierten Memoiren kopfschüttelnd zugeben, daß ich also »ein sehr hübsches Mädchen« war: »Aus ihrem apfelrunden, frischen Gesicht blickten ein paar brennend schwarze Augen, ihr etwas aufgeworfener kirschroter Mund zeigte, daß sie gern lachte, eine Reihe schöner weißer Zähne, und dunkelbraune volle Locken fielen ihr um Stirn und Nakken« (Karoline Jagemann, Erinnerungen. Hg. von Eduard von Bamberg, Dresden 1926, S. 97). Stimmt, genau das war ich. Und der Goethe hatte als mein lb. Bengel auch sofort seine Freude dran, und ich an ihm, und da machten sie denn also allesamt lange Hälser, unsere biederen Weimarer (und jene Frau v. S., ich will hier keine Namen nennen, voran), wenn ich als »Dein kleines Naturwesen« (so unterfertigte ich so manchen Brief, vielleicht ja nicht nur an ihn …) mit dem von Italien her offenbar restlos Ausgehungerten ab Juli 88 tagein, tagaus in jenem Jäger- und Gartenhäuschen verschwand. Jedoch nicht (soviel kann ich Ihnen verraten), um mir dort von ihm was diktieren zu lassen, den »Faust« oder die »Zauberflöte« (oder sonst eins seiner oftmals recht schönen Meisterwerke).

Nun denn, wie gesagt, alles verdanken wir letztlich der Großmut seiner Großmutter oh pardon: der Großmut des Herzogs, diesem seinem alten Saufkumpanen und, wie mein Mann ihn dann später einmal großmütig nannte, »Knecht des allgemeinen Besten«, der ihm auch gleich das schöne Gehalts-Geld und den renommierten Geheimen Legationsratstitel verlieh. Und wovon also mein lb. Mann und Stengel schon eine Woche nach seiner Berufung auf Weimar schrieb, aus der »wahrsten und innigsten Seelenverbindung« sei innerhalb von neun Monaten also etwas schon ganz Tolles geworden, nämlich »aus unserer Liebschaft ist eine Ehe entstanden, die Gott segne« (cit. nach Weimar, Sonderheft Merian 1999, S.64).

Und später dann noch *ich* dazu!

Was aber natürlich nun keineswegs so zu verstehen ist, daß mein Mann also insgeheim irgendwie andersherum gewesen sei, oh weißgott nicht!! Obwohl, komisch und seltsamlich ist's ja doch schon, daß er, der Großherzog, und unser lb. Augustchen, also unser einzig überlebendes Kind, ausgerechnet und akkurat am 25.12. geboren sind. Worauf der Goethe ja Weihnachten 1815 (ich war kaum von meiner schweren Krankheit genesen) bald ein ganz hübsches Gedicht fabrizierte, welches sodann auch rechtzeitig am 22.12. zusammen mit einem Paket mit Zukkerwerk aus Frankfurt ankam. Und dessen Beginn also lautet:

»An ein Weihnachts-Kind.
Den 25. December 1815
Daß du zugleich mit dem heiligen Christ
An diesem Tag geboren bist,
Und August auch, der werthe schlanke,
Dafür ich Gott im Herzen danke,
Dieß gibt, in tiefer Winters-Zeit,
Erwünschteste Gelegenheit

Mit einigem Zucker dich zu grüßen,
Abwesenheit mir zu versüßen,
Der ich, wie sonst, in Sonnenferne,
Im Stillen liebe, leide, lerne.«

Na bravo. Gut, so war er halt, mein Mann und Schwengel, der Geheime Rat(z), der aber noch immer so gar keine Geheimratsecken oberhalb des oftmals wie umwölkten Jupiterhauptes hatte – nun, der kleine August war da ja meines Ermessens schon so an die 26 Jahre und längst zum Studieren und Kommerschieren in Heidelberg oder Göttingen oder Rom oder weißgottwo, da hat mein ältlicher u. langsam vergeßlich werdender »Herr Gemahl« (so nannte ich ihn oft im Spaß, wenn er wieder mal zum Mahl an mein taufrisches Gemüse heranwollte) und Galgenschwengel nichts anbrennen lassen; auch das folgende und später leidlich volkstümlich gewordene Gedicht »Gefunden« ist praktisch also mir zugedacht, es schildert nämlich in symbolhaft verschwiegener Form zum 25. festlichen Jahrestag unser damaliges Kennenlernen in der Ilm-Au an jenem bereits mehrgenannten 12. Juli 1788; und wenn mein späterer Mann aus der Tal-Aue aber einen »Wald« macht, so tut er es wahrscheinlich, um ein letztes Mal jene böse Frau (v. S.) zu täuschen und zweitens aber aus sexualsymbolistischer Enigmatisierung i.e. Codierung und Decodierung simultan:

»Ich ging im Walde,
So für mich hin,
Und nichts zu suchen,
Das war mein Sinn.

Im Schatten sah ich
Ein Blümlein stehn,
Wie Sterne leuchtend,
Wie Äuglein schön –«

Das aber bin ich!! Das Gedicht geht noch eine geraume Weile so weiter, Sie kennen es ja alle schon von der Schulzeit her, Goethe trägt es bzw. mich da also im Fortgang »zum Garten am hübschen Haus«, d.h. er trug es (mich) natürlich vielmehr naturgemäß hinein in es, wie heute alle Welt sattsamst weiß und wie sich zum Goethejahr in der sog. Kulturstadt Weimar voraussichtlich 5 Millionen Gaffer an und in diesem Gartenhause abermals überzeugen werden wollen, und kein Blitz fährt drein! – Das mit dem »Schatten« des Blümleins stimmt allerdings leider schon sehr, und stimmte auch noch eine Weile selbst dann, als Goethe, seine biederen Weimarer zu vergraulen oder jedenfalls zu vergrätzen, mich längst in dies Haus und gänzlich zu sich genommen hatte. Was klingelten da nicht jahrelang unsere Ohren und fielen uns ja beinahe fast ab! Und mir zumal. Nichts als Klatsch, Kabale und mesquinste Medisance! »Bei Goethe. Er wohnt herrlich in seinem Gartenhause«, berichtet da z.B. ein gewisser Münter (3.9.81) – aber daß *ich* herrlich mit drinne wohnte, das gönnten sie ihm halt nicht! Und mir schon gleich gar nicht! Ich, Christiane, wäre also »eine Sau mit dem Perlenhalsband«, so stänkert u.v.a. der angebliche Humanist Chr. M. Wieland, um in Anspielung auf eine geplante zweite Italienreise schon extremst geistreichst fortzumosern: »Göthe sollte die Vulpia als Pagen mit nach Italien nehmen, damit die Italiener auch einmal was zu sehen bekämen.« Usf. Und dann eben erst diese »quengelnde spitzige Muse« (H. Meyer, S. 168), Frau von S. also, als sie sah, daß die Unperson, »das Kreatürchen«, in Wahrheit ein durchaus »ehrlicher, liebevoller, offener, guter Charakter« (ebd. S. 363) war und daß ebendiese sie als Goethes Muse wie eine gestochene Sau ausgestochen hatte, weil eben »eine geschäftige Hausfrau und Mutter zeitlebens Goethes Frauenideal« (ebd. S. 140) war, sintemalen »der Bettschatz« eben halt unversehens »zur geliebten Frau« (ebd. S. 236) avancirt! Und dabei war ich ja auch nach meines lb. Mannes Bleistiftzeichnung eine ziemlich romantisch-hellenistische Schönheit mindestens wie jene Frau v. St. (die Ziege), und auch habe ich da eine richtig griechisch-flache und überaus ja sehr aparte Nase! Erst mit der Legalisierung der später sogenannten vorherigen »Gewissensehe« durch ordentliche Heirat

(1806) und nach 18jähriger Bekanntschaft wurde alles ein wenig besser – was man schon daran sieht, daß diese sich sonst so gewaltig mopsende Frau Johanna Schopenhauer im Okt. dieses Jahres (seither x-tausendfach zitiert) an ihren meiner Erinnerung nach recht unguten, ja widerwärtigen Sohn Arthur schreibt: »Wenn Goethe ihr seinen Namen gibt, können wir ihr wohl eine Tasse Tee geben.«

Nun, die habe ich dann auch getrunken, und allerdings »mit Schuß«, mit Rum nämlich, und da hat sie, die Schopenhauer, diese Geizhälsin mit ihrem literarischen Tee-Salon, natürlich die Augen besonders bigott zum Himmel hinauf verdreht! Und natürlich ging auch jetzt noch die üble Nachrede weiter, wie ehedem u. zuvor u. lang vorher, – damals, als z.B. (8.3.89) diese durchaus lüstern zungengespaltene Caroline Herder brieflich zu sticheln beliebte: »Ich habe das Geheimnis von der Stein selbst, warum sie mit Goethe nicht mehr gut sein will. Er hat die junge Vulpius zu seinem Clärchen, und läßt sie oft zu sich kommen etc. Sie verdenkt ihm dies sehr« (Mit Goethe durchs Jahr, a.a.O., S. 11). Dabei hatte mein Herr nachmaliger Gemahl und Gatte schon damals am 1.6.1789 nach seiner Italienrückkehr prompt an die Stein geschrieben, sie sei von einer »sonderbaren Stimmung« gewesen, welche für ihn, Goethe, »ich gestehe aufrichtig, äußerst empfindlich war«. Der Grund sei offenbar ich, Vulpius, also, dieses »Verhältnis, das dich so sehr zu kränken scheint [...] Wer macht Anspruch an die Empfindungen, die ich dem armen Geschöpf gönne«, fährt da mein Mann etwas seltsam und fast ein bißchen kränkend fort, denn ich war damals gerade 23 Jahre alt und auch der Herzog selber blinzelte mir oft recht verräterisch auffordernd zu, von dem sattsam bewährten alten Schnallentreiber Wieland will ich gar nicht mal reden – aber jedenfalls half dieser Brief wenig, die v. St. verlor auch später noch oftmals genug jede Containance, und auch als Goethe gegenüber Charlotte Schiller, wie schon ausgeführt, am 30.7.90

anläßlich seiner Vaterschaft klarstellte: »Ich bin verheiratet, nur nicht mit Zeremonie« (Biedermann, Gespräche I,174), selbst da wurde es kaum besser, und ich sollte also partout ausgelacht und verspottet werden. Noch im Jan. 97 schreibt doch die Stein voller Tücke an die Schiller: »Stellen Sie sich vor, daß die Jungfer Vulpius mir eine Torte zum Geburtstag geschickt hat. Goethe ist ein ungeschickter Mensch« (cit. nach H. Meyer, S. 356). Hat man Töne? Heute wollte ich, ich hätte diese Torte doch vergiftet! Oder doch den nur halb so teuren Gugelhupf von der Bäckerei Singer gegenüber abgeschickt!! Diese alte geile abgefeimte Hexe mit ihrem fleischlos tortenhochnäsig »dürren Leib« (Bruder Valentin in G's »Faust«)!!!

Selbst noch unsere richtiggehende Verheiratung, ja, leider, weckte oft nur erneut die flackernden u. züngelnden Reden unserer bekannten heimischen Vipern: »Goethes skandalöse Hochzeit hat einen jeden geärgert«, schimpft sich am 15.12.1806 eine gewisse Charlotte von Schimmelmann – eine Gräfin und Frau des dänischen Finanzministers – gegenüber abermals Charlotte Schiller mit größtmöglicher Gräfinnenbosheit aus, »und eine solche Wahl der Person!« (Bode II,342) –

– ja, ein ganz übles Tratsch- und Quatschnest war es damals, unser knapp 6000 meist seelenlose Seelen starkes Weimar, ebenwelches sie aber 1999 zum Ehrengeburtstag meines steinalten Gattensauschwanzes jetzt auch noch zur »europäischen Kulturstadt« schlagen wollen, diese ahnungslosen Kulturbürokraten, mit fließendem Übergang zur Expo in Hannover, wo dann der sehr grunzdumme Obertheaterregisseursesel Peter Stein (m.W. ein Nachfahr der Frau v. St.) wieder mal den Faust exercieren und kaputtmachen will – und es war dies Weimar ja damals schon eine Kulturhauptstadt der Philister und der Pharisäer und der Spießer, des Drecks und Quarks, wieschon es sich selbst als »Ilm-Athen« und »Bethlehem-Juda« (so die alte Superschwatzbase Wieland 1776) ausgab und verherrlichte (s. Dieter Borchmeyer, Weimarer Klassik. Portrait einer Epoche. Weinheim 1994, S.45). Ein Rattennest! Ein Infamien-Sodom! Brrr!

Na gut, so manche u. gewisse Ehrenrettung kriegte ich dann auch ja wenigstens posthum, z.B. durch eine mir allerdings m.E. ganz unbekannte Rudolfine v. Both, welche schon am 24.8.1820 (Bode I, S.389) an ihren Mann schreibt, Frau Knebel habe jüngst das Gespräch ihrerseits auf Goethes verstorbene Frau gebracht und betont, »daß diese Frau einen vortrefflichen Charakter, das beste Herz gehabt habe, daß sie alle der Überzeugung wären, daß Goethe nach seiner Eigentümlichkeit nie eine passendere Frau für sich hätte finden können, wie ihr ganzes Leben nur ihm geweiht gewesen sei, wie sie ihm gegenüber nie an sich selbst gedacht hätte, sondern immer nur bemüht gewesen wäre, es ihm angenehm und behaglich zu machen«.

»Dabei hatte sie«, soll Frau Knebel fortgefahren haben (ich lese derlei Lobsprüche noch heute sub specie äternalis nur gar zu gern und wie süchtig nach), »eine sehr heitere Laune, verstand es, ihn aufzumuntern, und kannte ihn so genau, daß sie immer wußte, welchen Ton sie anschlagen mußte, um wohltuend auf ihn einzuwirken.« Natürlich, nun, frage ich mich bei dergleichen manchmal, woher die Knebelin das alles so haarscharf weiß und ob sie wohl gar als Mäuschen so unterm Sofa oder gar Bett gerne dabeigewesen war, geknebelt von ihrer unversieglichen Neugier. Aber im Grundbefund über mich hat sie doch ziemlich recht: »Sie war keine sehr geistig ausgebildete Frau – aber sie hatte sehr viel natürlichen hellen Verstand!«

Na bitte. Und sodann ist es im nämlichen Sinne vor allem auch Goethes Stiefnichte Henriette Schlosser, welche ich 1808 in Frankfurt kennenlernen durfte und welche diese erste Begegnung gleich in einem Brief (cit. nach: A. Maass, Frankfurt 1999, S.188) festschreibt und mich vor den Blicken der Nachwelt kraftvoll heraushaut:

»Sie, die Goethe, haben wir alle herzlich gerne, und sie fühlt dies mit Dank und Freude. Ihr äusseres Wesen hat etwas Gemeines« – gemeint hier: nicht weiter Auffälliges – »ihr Inneres aber nicht. Es freut uns alle, sie zu kennen, um über sie nach Verdienst zu urteilen, da ihr unerhört viel Unrecht geschieht.«

Weißgott oder besser weiß-der-Satan-aus-Weimar, und deshalb hat es mir nach Frau Knebels und Frau Schlossers Einlassungen auch noch recht gutgetan, wie schon 1998, also ein Jahr vorm Geb.-Jubiläum Goethes, eine Frau Sigrid Damm und abermals in Frankfurt für mich in die Bresche springt, mit einer dicken »Recherche« und »ersten umfassenden Lebensgeschichte« (gar nicht wahr, es gab schon vorher welche) für mich flammend die rote Fahne hißt und schwingt und nämlich einwandfrei nachweist, daß ich es trotz »einer vom Mann dominierten Lebensgemeinschaft« prima geschafft habe, »ganz sie selbst zu bleiben« (im Grunde der alte Emanzenquark, wie er schon von unseren unausgelasteten Weimarer Dämchen oft und oft gequurgelt wurde). Und jedenfalls hat es die Damm damit geschafft, dem mir persönlich leider unbekannten Verleger und angebl. Goethe-Kenner Siegwart Unseld sogar auf einen jenseits von Isabella Allende zweiten und derzeit schrecklich bitter benötigten Bestseller draufzuhelfen. Und auch die Damm hat sich ja doch auf einen solchen gespitzt wie nichts Gutes.

Weniger auf mich, klar.

Und vollends damit, daß 1999 zum Jubelgeburtsjahr auch noch meine Goethe-Ehe-Romanze mit der tollen u. bildschönen Veronika Ferres (bekannt aus der Oper »Rossini«) als Christiane (ich) verfilmt ward (fürs Kino, Fernseh u. Fideo zugleich, wie ich höre), wird ja meine Wiedergutmachung gänzlich abgeschlossen und meine Befriedigung also doch noch richtig perfekt.

Ja nun anderseits, Ferres hin, Damm her, auch ohne diese beiden: Ehrlich gestanden ließen wir, Goethe und ich, es uns schon auch zu Lebzelten pardon: Lebzeiten meist recht gut ergehen. In einem sehr schweren Buche habe ich nachgelesen, daß »der ganze Gewinn der Italienreise« Goethes seine Erkenntnisse über das hie Natur-, dort Kunstwahre gewesen sei (J. Göres, a.a.O., S. 117) – und diese genau verleideten ihm seine alten Weimarer Freunde dann eben schon ziemlich. Und genau deshalb nahm er damals eben sofort – mich! So wie mir, der Blumenkünstlerin, schon vor unserer zeremonialen Verehelichung im Rahmen unseres trübseligen Weimar Liebeshauch, erfrischtes Leben – nur sein Athem geben konnte. Der geheimräthliche Atem, ja freilich, er allein. Vorzüglich dies in jenen »großen breiten Betten«, siehe oben. Da juckten uns diese Weimarer nicht länger. Da war ich meinem Herren W. Meister wo nicht Mignon, so doch vor allem die lustige Philine. Nach dem Motto:

»Jeder Tag hat seine Plage
Und die Nacht hat ihre Lust.«

Reue? Ängste? Ja denkste. Sondern noch während sich Weimar und die Frau v. St. voran das Maul zerreissen, dichtet mein Nachmaliger (Frech und Froh 1788/89) ungescheut (und überdeutlich, Frau v. Stein!) in bezug auf mich:

»Liebesqual verschmäht mein Herz,
Sanften Jammer, süßen Schmerz;
Nur vom Tüchtgen will ich wissen,
Heißem Äuglen, derben Küssen
Sei ein armer Hund erfrischt
Von der Lust, mit Pein gemischt!
Mädchen, gib der frischen Brust
Nichts von Pein, und alle Lust!«

Hat man so etwas schon mal gehört?

Nein, da schreckt er vor keiner Reimbanalität zurück, mein Bengelchen u. Schweinigelchen und Sauschwanz – was aber das »Äuglen« angeht, in mahnender Weise ließ es der Herr Gattengemahl da auch an Galanterie-Mahnungen nicht fehlen, also wenn ich z.B. wieder mal im Bad zu Lauchstädt oder wo weilte, etwa:

»Ich bin manchmal in Gedanken eifersüchtig und stelle mir vor: daß Dir ein anderer besser gefallen könnte, weil ich viele Männer hübscher und angenehmer finde als mich selbst. Das mußt Du aber nicht sehen, sondern Du mußt mich für den besten halten, weil ich Dich ganz entsetzlich lieb habe« (Sept. 1792) –

– und dgl. Redensarten mehr. Wir nannten diese wechselfälligen kleinen Flirts und Kurschatten beide gerne »Äugelchen«, jawohl auch ich war damals zuweilen, halb gespielt, halb wahrlich etwas eifersüchtig und hatte auch oft guten Grund dazu, denn mein Haus- u. Schwanzschatz sah sich ja in all diesen Jahren nur allzu gern auch aushäusig fleißig um – und wenn ich also ausnahmsweise auch mal aus einem Brief von mir rezitieren darf, so antworte ich da Goethen also schon im Juni 1793 auf seinen vorhergehenden Geheim-Rat, »nicht mit den Äugelchen zu verschwenderisch« umzugehen, postwendend ebenso kokett und halbgelogen:

»Leb wohl und denke an Dein Christelchen, das Dich recht zärtlich liebt, und mache nicht so viel Äugelchen.«

Ei nun, eine beidseits recht tolerant-moderne halboffene Ehe führten wir damals. Und mußten es wohl, denn allzu häufig mußte der Goethe verreisen und uns beide alleine lassen, und sei's nur nach Jena zu seinem »Musensitz« hinüber, von wo aus er mich dann aber meist dringend bat, uns in Weimar bald wieder »eine leidliche Winterexistenz vorzubereiten« (Brief 15. Sept. 1809) – und damit meinte er in anspielungsreichem Understatementship wiederum Sex und nichts als Sex. Gar nicht wahr. Das Gustelchen, das so oft so ungeduldig nach dem Vater fragte und sich, wie ich, richtiggehend gramselend nach ihm vor Sehnsucht verzehrte, den oder das meinte er schon auch. Ei freilich, wir waren halt schon wirklich – eine richtige Familie!

Kurz darauf lernte er, Goethe, in Jena – oder Erfurt oder wo – den berühmten alten Kaiser Napoleon kennen, der ihn sogar »zum Lachen gebracht« hat (und »überhaupt geneigt und wohlwollend gegen mich war. Laß Dir nur die Zeitungen geben«) – gewiß, der Biograf Heinrich Meyer (nicht der Bremer, mein Freund, auch nicht dieser Kunscht- und Grüßmeyer! Sondern jetzt ein dritter:) hat schon durchaus recht, wenn er in der Bilanz zusammenfaßt, aus dem ursprünglichen Primat der »Geschlechtlichkeit« sei zunehmend »wachsende Intensität und Innigkeit, ja Liebe« herausgewachsen, und als ich schließlich gestorben war, »ist Goethe völlig vereinsamt und erlebt eines der schwersten Jahre seines Lebens« (S. 36) – aber auch vorher schon hat diese Frau Knebel abermals das zutreffend erkannt u. festgehalten:

»Goethe hat uns oft gesagt, daß, wenn er mit einer Sache in seinem Geiste beschäftigt wäre, sich die Ideen zu stark bei ihm drängten, er dann manchmal zu weit käme und sich selbst nicht mehr zurechtfinden könne; wie er dann zu ihr« – ich; Anm. Chr.

v. Goethe – »ginge und oft erstaunen müßte, wie sie mit ihrem einfachen natürlichen Scharfblicke immer gleich das Richtige herauszufinden wisse und er ihr in dieser Beziehung schon manches verdanke.« Richtig, zusammen mit meiner Schwester war ich ja auch oft Erstleserin und gut zuratende Erstlektorin der neu entstehenden G.schen Werke! Und Frau Knebel unterließ es auch nicht, gleichfalls darauf zu insistieren, »wie tief er ihren Tod empfunden hätte und wie er ihn auch jetzt noch immer nicht verschmerzen könne« (Bode II, S. 390).

Und das freut mich denn doch sehr.

Und wenn aber Goethe mein Krankenbett damals am 6. Juni 1816 tagelang mied, weil er meine Schmerzensschreie nicht ertragen konnte (ich hatte mir, wie ich heute weiß, vor Schmerz die Zunge durchgebissen), dann muß ich das unter diesen übergeordneten Gesichtspunkten – sogar begrüßen. Denn erstens war er selber krank, zweitens trotzdem aus Jena eigens nach Weimar herübergeeilt; und außerdem hatte er mir ja so oft gesagt, er »statuiere den Tod nicht«, daß er jetzt auch danach handeln mußte. Und ich wäre wie meine Krankenpflegerinnen sicherlich auch weggelaufen und geflohn von meinem Krankenlager. Goethe aber schrieb in sein Tagebuch:

»Nahes Ende meiner Frau. Letzter fürchterlicher Kampf ihrer Natur. Sie verschied gegen Mittag. Leere und Totenstille in und ausser mir.«

Aber soweit waren wir ja 1788 noch nicht und sind es auch jetzt noch nicht. So schnell schießen die Preußen nicht. Sondern fast noch besser sogar als das Gedicht auf meinen Tod gefällt mir das folgende Notat:

»Der ganze Gewinn meines Lebens ist, ihren Verlust zu beweinen« (obwohl das ja etwas durchaus zweischneidigen Sinnes ist; logischer wäre eigentlich gewesen, »warst du« oder »war sie«).

Und darum sagt es mir beinahe gleich noch besser zu, was mein damals noch lebender Gemahl schon am Freitag, dem

2. Januar 1824, in deutlicher Anspielung auf mich und meine Erinnerung seinem neuen Sekretär J. P. Eckermann ins Schreibheft diktierte:

»Pah!« sagte Goethe lachend, »als ob die Liebe etwas mit dem Verstande zu tun hätte!« Sondern »das Jugendliche, das Neckische und Zutrauliche« liebe man an den jungen Frauenzimmern, »ihre Kapricen« auch, fährt Goethe, deutlich meiner gedenkend, fort, »Gott weiß was alles Unaussprechliche sonst«; sei es, was ihn an jenen Frauen so anmache: »Aber wir lieben nicht ihren Verstand [...] Der Verstand ist nicht dasjenige, was fähig wäre, uns zu entzünden und eine Leidenschaft zu erwekken.«

Und noch deutlicher, wenngleich verschlüsselter, nämlich vermeintlich mit jenem etwas einfältigen Eckermann über die »Pandora« plaudernd, erinnert sich Goethe schon am 21. 10. 1823 richtiggehend träumerisch u. unbewußtheitlich an das Zentrum unserer Vorehe- und Ehejahre: Es gehe »oft ein wenig tief«, aber dann:

»Es ist alles als wie ineinander *gekeilt.*«

Genau. Genau so war es. Wenn er von seinen zahllosen Dienstreisen zurückkam, der Rath, dann hat er mich immer treulich gebürstelt. Pünktlich, treu und tüchtig wie ein Rittmeister raufgebürstelt, der Herr Gemahl und Rammelmeister.

Hussa!

Nun ja, daraus ist ja eben dann auch u.m.a. unser gemeinsames Bübchen August entsprungen, doch, ich erinnere mich: Einen rechten Kugelkopf hatte es, ganz wie der Herzog Carl August – bei Goethe aber hat mir, ehrlich gesagt weniger das allseits bejubelte Auge (»Jupiterauge« u. dgl.) gefallen, sondern der schöne Hinterkopf und die enorm große Nase. Diese richtig kartoffelgestaltige Nase. Man sagt ja auch nicht zu unrecht, wie die Nase eines Mannes, so auch sein Wolfgang Johannes ...

Was freilich den August anbetrifft, so bestätigt aber auch sein

Herr (vermutl.) Vater Goethe schon am 30.3.1810 brieflich meine Eindrücke: »Es kommt schon etwas Kümmeltürkisches in ihn.« Sodann noch anspielungsreicher hinsichtlich unseres neuen Sekretärs Herrn John: »Lebe wohl und grüße deinen hübschen Sekretär.« Aber dann am 27.9.1815 in alter Frische und Treue:

»Getrocknetes Obst schickt Fr. Schöff Schlosser; grüß Hof. Meyer ...«

Ich habe ihn aber nicht nur gegrüßt, sondern 1805 ihm brieflich auch einmal mein Herz ausgeschüttelt; ich zitiere nach Astrid Seele, Frauen um Goethe, S. 86:

»Der Geheime Rat hat nun seit einem Vierteljahr fast keine gesunde Stunde gehabt und immer Perioden, wo man denken mußte, er stirbt. Denken Sie also an mich, ich, die außer Sie und dem Geheimen Rat keinen Freund auf der Welt habe [...] ich bin wahrhaftig ganz auseinander [...] Und hier ist kein Freund, dem ich so alles, was mir am Herzen liegt, sagen könnte« –

– usf., der Hintergrund war meines Dafürhaltens wohl, daß auch 1805, kurz vor unserer Heirat, die Weimarer noch immer eine recht feindselige und mich isolierende Haltung gegen mich bezeugten, mich, welche sie ja noch immer »Mätresse« und »Hure« und »Goethesche Haushalterin« (das hab ich erst jetzt bei der Sigrid Damm erfahren) und später dann auch tückevoll genug »Goethes dicke Hälfte« etc. benamsten. Ah diese Weimarer Wanzen! Diese Vipern und ehrabschneiderischen Dreckschleudern und bös böslichen Intriganten. Nun, da tat es mir natürlich immer besonders gut, wenn wenigstens einer, der Geheimrat, sobald er halbwegs gesund und auf dem Damm war, mich immer wieder »mein liebstes Kind« (Brief vom 23.7.1813 aus Teplitz) und »kleines Naturwesen« (ich weiß jetzt nicht mehr genau, plapperte er das mir nach, oder hatte ich ihm das nachgeplappert?) nannte und ernannte und unseren August (vor seiner Niederkunft!) als Ungeborenen auch z.B. »Pfuiteufelchen«

oder »Krabskrälligkeit«, weil er nämlich jetzt ja schon mächtig in mir herumkrabbelte und -krallte und wir unser vorhergehendes »Schlampamps-Stündchen« im Gartenhaus also mächtig verbüßen mußten.

Die »dicke Hälfte« aber rührt von meinem angeblich und vielgescholtenen hohen Weinkonsume her. Jedoch erstens tanzte ich ja nun zum Ausgleich wild und hemmungslos, also praktisch mit jedem Mann, der mir in Lauchstädt oder sogar Weimar irgendwie zu nahe kam, einmal sogar auch zuhause mit Nik. Meyer im Überschwange. Zweitens stand mir darin der Geheime Rat nicht nach, ja er übertraf mich darin gar mit 2–3 Flaschen Franken und immer Franken (Stein aus Würzburg) deutlich und starb wohl im Endeffekt auch daran (s. Frank Nager, Der heilkundige Dichter, Goethe und die Medizin, Zürich und München 1990 – ein furchtbares Buch: Goethes Krankheiten und nichts als Krankheiten) – und drittens gesellte sich dann ja als terzium combarationiß und im Sinne der Hegelschen Dialektiik (der Rath hat sie nie verstanden; ich, wenn angefeuchtet, vermutlich schon) unser Sohn Gustl dazu, der ja auch dem Weine früh und mehr als tunlich zusprach und daran wohl auch verfrüht in Nepal oder jedenfalls Neapel da drunten sterben mußte.

Während der Geh. Rat als unser offensichtlich doch Klügster immer wieder halbwegs die Kurve kriegte.

Dochdoch, jawohl, diese sogenannte »sinnliche Anschauung«, die schon von den Zeitgenossen (Bode I, 425) seit 1790 ca. an meines Gatten Poesien so gelobt und -rühmt wird, diese hat er vor allem aus mir bezogen und gezogen, die konnte ihm nur mein heißer Feuer-Athem geben!

Ferner aber habe ich dann das Augustchen immer sehr gut erzogen und ihm auch immerzu treulich von seinem Vater erzählt, daß der also nicht nur ziemlich sinnlich anschaulich dichte. Sondern wie »tüchtig« (Goethe oft und oft) er auch sonst in allem vor allem im Reformbereich unseres Straßennetzes sei und wie er schließlich unser Weimarer Ländchen nicht nur durch allerlei Finanzmanipulationen vor dem Zugrundegehen gerettet, sondern als so eine Art Oberfinanzstaatsminister am Ende auch noch zum Großherzogtum erhoben habe; denn, so der Herr Monsieur Papa irgendwann & irgendwo:

»Soll ich denn also mit Gewalt ein Fürstenknecht sein, so ist es wenigstens mein Trost, daß ich doch nur der Knecht eines solchen bin, der selber ein Knecht des allgemeinen Besten ist.«

Da hat es aber mit den Ohren gespitzt, das kleine Augusti.

Beinahe umgebracht, jawohl, in Tag- und Nachtwerkelei hat sich damals mein Herr und Gemahl mit der überfälligen Steuerreform, der Halbierung unseres Militärs und der gleich allfälligen Halbierung des Hofbudgets von 60000 auf 29000 Taler jährlich (wobei davon der Rat allerdings, wie schon mitgeteilt, schöne 1200 für sich selber einstrich). Allora, auch der Wein wurde damals ja immer teurer, und da war es natürlich schon ein großer Segen, der uns da eines Tages ereilte, leidergottes in Verbindung mit dem bedauerlichen Ableben von Goethes Frau Rat Aja am 13. Sept. 1809 oder jedenfalls dann eben 1808. »Goethe erbte nach dem Tod seiner Mutter den Weinkeller«, berichtet deshalb erfreut am 1. Febr. 1999 zum Jubiläumsjahr die »Bild«-Zeitung – und teilt sodann ferner mit, er, Goethe, habe alles sofort nach Weimar schaffen lassen, nach dem Tod 1832 aber sei jedoch nichts mehr dagewesen, »keine einzige Flasche«.

Na, da habe ich wohl auch etwas »mitgeholfen«, schätze ich mal. Aber echt.

Irgendwo hab ich neulich aber auch gelesen, daß laut einem neuen u. bei Luchterhand erschienenen Roman »Faustinas Küsse« es evtl. gar nicht diese Maddalena Riggi war, bei welcher also dieser Goethe in Roma 38jährig seine Unschuld verlor, sondern eine gew. junge Witwe Faustina Antonini. Na, da kann ich meinerseits bloß so oder so sagen: Ätsch, Frau v. St., das kam halt mir zugute, daß er da dann bei seiner Rückkehr schon die gew.

Technik draufhatte und wenig Federles mehr machte, wie noch zuvor mit Ihnen! »Die beinahe etwas primitive Haltung Goethes gegenüber den Frauen«, welche sein Biograf Meyer – nicht der Grüß- und der Trost-Meyer, sondern der dritte wieder! – heftig anmahnt (a. a. O., S. 81) – das akkurat mochte ich ja doch so an ihm! Dochdochdoch. Und wenn sodann diese berüchtigte Madame de Staël (laut Böttiger) meinem Mann, also praktisch Goethe, angeblich »mit liebenswürdigster Unbefangenheit erklärt«, ihm, Goethe, fehle ja ganz das Verständnis von Frauen, nämlich weil er »Weiber stets nur als Spielwerk zeuge oder Passiva in der Schäferstunde ansah und bei wahrhaft geistreichen Frauen, die ihn nicht anbeteten, sich stets übel befand« (s. bei Böttiger); so ist das natürlich 1. wiederum gegen mich Vulpia-Kreatürchen gerichtet, 2. will sie, die doofe Staël, mit den »geistreichen« sich selber dick rausstreichen und 3. nach den höheren Gesetzen der Geschlechtspsychologie will sie logo den Geh. Rath aufreizen, die Gegenprobe doch mal bei ihr, der feschen Madame, auszuprobieren! Hätte er doch! Mir doch gleich! Wäre eben zu all den Lottes und Faustinas und Minchens auch noch eine Madame St. zur Frau von St. hinzugeschwemmt worden! Was soll's? Die Deutschen wollen es halt mal so. Denn eins ist mir heute klar u. sternenklar: Ohne diese seine vielen Weibsen wäre er, Goethe, ihr angebl. größter Dichter, im Urteil (Ikonologie) seiner Deutschen ja doch praktisch gar nichts gewesen! Wäre er doch heute schon nimmer – existent!

Nur wir Frauen machen doch sein Kraut fett!!

Was aber nochmals jene fette Corona Schr. betrifft, vor der schon jene Frau von St. sich bekanntlich so maßlos als vor einer Erz-Rivalin fürchtete, so äußerte sich Goethe irgendwann 1825 gegenüber Eckermann mit hinreichender Klarheit:

»Es fehlte bei unserem Theater nicht an Frauenzimmern, die schön und jung und dabei von großer Anmut der Seele waren. – Ich fühlte mich zu mancher leidenschaftlich hingezogen; auch fehlte es nicht, daß man mir auf halbem Wege entgegenkam. Allein ich faßte mich und sagte: Nicht weiter!« Eben. Weil er hatte ja doch schon mich. Und Maddalena hin und Faustina schön und gut her – mein guter Gatte konnte halt einfach dem schönen Geschlecht gegenüber nie nein sagen. Er, der laut Lavater (an Wieland 8.1.75) »mit dem Grimm des Tigers die Gutmütigkeit des Lämmchens verbindet«, er konnte halt auch den Frauen gegenüber nur nachgebend wie ein Lämmlein sein. So wie sein komischer römischer Freund Meyer. Aber alsdann zog ihn ja »seine alte Biedertreue« (Herder an Hamann am 10.5.1884, s. Bode I, S.302) eben doch wieder rechtzeitig nach unserm guten Deutschland u. Weimar zurück. Allerdings: »Es fehlte wenig«, so mein Ehegemahl am 30.5.1807 dem Grafen Reinhard gegenüber (Goethes Gespräche, hrsg. von F. F. v. Biedermann, Frankfurt o.J., S.212), »so wäre ich in Italien geblieben.«

Und warum aber blieb er trotzdem nicht? Weil er – zu mir heimwollte! Weil er nach den Gesetzen jenes telekinetischen Angezogenseins, das er irgendwo mal auch dem Eckermann beschreibt, – mich als ein Geschwantes vorausahnte. Der Rest ging dann sehr schnell. Da kann ich nur mit einem bekannten Wort des alten Josef Ortega y Gasset, gesprochen bei den Goethe-Feierlichkeiten von 1932, augenblinzelnd sagen: »Um einen Goethe von *innen* bittend!«

Da, jawohl ja, möchte ich wahrlich drum gebeten haben. Da kann der schweinsdumme Böttiger in seinen Schmierage-Memoiren dahercauserieren und Sottisen drechseln und dreschen, was er grad will von wegen, der Goethe habe 1795 »fast alles von seiner schlanken Apollofigur durch das sich überall ansetzende Fett verloren. Er extendiert sich täglich durch Embonpoint« – weiß nicht, was das ist, möcht's auch gar nicht wissen – »u. seine Augen sitzen im Fett der Backen«. Diese trübe Klatschferkelsau! Aber andererseits kommt mir das unverhofft doch sogar recht entgegen – schon dadurch (und ungeachtet der doch schon allzu böswilligen Tischbeinchen halt: Tischbeinschen Aquarellzeichnung von 1812!) wird arschklar, daß ich ja keineswegs Goethes »dicke Hälfte« war, Herr Böttiger! Und auch Sie, Frau v. St., sind angesprochen!

Sondern der Rath war die andere, und nämlich genau so dick.

Im übrigen, diese Geschichte mit dem Bademeister Zwick aus Lauchstädt dauerte wohl auch nur 1 Saison lang. Und braucht deshalb hierorts nicht sonders stark erwähnt zu werden. Ursprünglich wollte er mir ja auch nur seine Briefmarkensammlung in der Sauna zeigen, dort, wo auch den leidenschaftlichen Annäherungswünschen durch die fürchterlichen Temperaturen von 60–95 Grad ohnehin naturhafte Grenzen gesetzt sind. Außerdem hatte jener Zwick nicht mal ein Auto. Sondern nur eine alte Vespa, und auf dem Rücksitz verkühle ich mich doch immer so leicht. Allein, obschon er, Ed. Zwick, mir also im Bad Lauchstädter Hain, dem sog. Krawattenwäldchen, bloß sehr schöne u. seltene Giftpilze gezeigt hat, schwöre ich hiermit, daß weder von ihm, Zwick, noch gar von Carl August (der Chef hier) mein Sohn Augustlein genannt Gustav herrührt. Sondern von mir. Die ich aber hoch gebenedeit bin unter den Weibern. Und deshalb kurz vor meinem recht frühen Ableben (Suff) auch noch des schönen jungen Sekretärs Johann John (genannt: Ernst Carl Arsch) zuteil bzw. teilhaftig geworden bin. Hicks. Der Herr Dr. Staatsminister Johann Gottlieb Nepomuk Schweinepelz Stinkfürzchen Fürchtegott Wolfgang Eisenreich Seidenweich Gottesgleich Goethe aber lebe gleichwohlst hoch, hoch, hoch! Evoë – mit zwei Pünktchen so wie jene franz. Stinkmorchel Mad. de Staël! Eureka! Europa! Hurrah! Hurrah und sowie in Nomine Domine hussahe u. hallohe!

Im übrigen wäre G. mit jenem Zwick schon so weit zurechtgekommen. Er kam ja auch immer mit Männern recht gut aus – und verbrachte sogar mit Schiller 10 Jahre zusammen. Na bravo. An »Goethes männlicher Treue, Freundschaft und Liebe gegen mich« fehlte es eben nie, so schwafelt Herder an seine Frau am 10.4.89. Und sie, Karoline, an ihn, Herder, retour wie nichts am 13.2.89: »Goethe ist eben ein glücklich Begünstigter von der Natur.«

Hops. Eben. Und besonders begünstigt hatte er, der Götterspeisenliebling, es immer am glücklichsten bei mir. Und nicht bei dieser v. St.schen Lotte. Spitz wie Weimarer Karotte. Sondern bloß in meinem Schoß. Pudelnackt und am Ärschchen bloß. Dies bezeugt u.v.a. auch schon ein Gedicht, das von der heute führenden Germanistik (Gundolf, Hankamer, Staiger und Consorten) als sog. Gelegenheitsgedicht weniger ästimiert wird; das aber immerhin auch nicht in die nagelneue Sammlung »Goethes schlechteste Gedichte« (Salzburg 1999) eingeträufelt ist; und das mir jedenfalls u. immerhin ganz besonders eingeht; nämlich weil es strukturell und sogar sturzhagelstrukturalistisch die ganze ewigelende Behaglichkeit rund um meinen vorm. Gemahl kraft seinen vier Einleitungsversen so überaus schlüssig u. schön sinnlich nachvollziehbar bloß- nöö: vor- oder jedenfalls darlegt:

»Hab oft einen dumpfen düstern Sinn,
Ein gar so schweres Blut!
Wenn ich bei meiner Christel bin,
Ist alles wieder gut.!«

Genau.

Bettine von Arnim
geb. Brent
Sie Blutwurst, Sie!

Gerne hätte auch ich, Goethes bekannte »leidige Bremse«, mich an der hier vorliegenden vorbildlich modernen und emanzipatorischen Frauen-Teamautobiografie beteiligt und nach meinen überaus bekannten und gefeierten Ersterinnerungen »Goethes Briefwechsel mit einem Kinde« von 1835 hier mit neuen Einsichten, Pikanterien und sonstigen Ergänzungen im Sinne einer sowohl objektiven als auch spezifisch frauengemäßen, gereinigten Goethebiografik mitgewirkt und mich nochmals und durchaus selbstlos zu Wort gemeldet und eingebracht –

– allein, ich kann nicht, ich vermag es nicht, und ich führe hier die Gründe an:

Ich, Bettine von Brentano-Arnim, Tochter der schönen und von Goethe heftig umworbenen (sie wies ihn aber ab) Maximiliane (»Maxe«) Brentano, Enkelin der berühmten Romancieuse Sophie von LaRoche, Schwester meines mit einem ganz hübschen poetischen Talent versehenen Bruders Clemens Brentano, Ehefrau und spätere Witwe des bedeutenden Dichters Achim v. Arnim, wurde 1785 in Frankfurt a. Main geboren und begann schon ab 1823 mit meinen auch heute noch sehr interessanten Entwürfen für ein alles überragendes, leider nie zur Ausführung gelangtes Goethe-Denkmal – nach einer angeblichen Anregung von Sulpiz Boisserée, die aber in Wahrheit auch, zu Goethes 70. Geburtstag, von mir stammt. Vorher, 1811, war ich schon nach einem heftigen Streit mit Goethes »angeblicher« Ehefrau Christiane Vulpius am 13. Sept. und im Zuge eines noch heute weltweit vieldiskutierten Skandals aus Goethes Haus in

Weimar gejagt worden, d.h. ich zusammen mit meinem gerade frisch angetrauten Ehepartner Achim – und Goethe berichtet davon ja im 1. Teil seiner Memoiren »Dichtung und Wahrheit«, nun freilich, diese Christiane, so dumm sie war, sie wußte schon, woher der Wind pfiff und mit welcher unbezähmbaren und ihr weit superieuren Rivalin sie es zu tun hatte, pah, diese kleine und vulgäre Madame Vulpia! Daß ich nicht kichere! Gleichwohl kam es in der Folge zu einem vorläufigen Bruch mit »Ihm«, der aber schon 1830 gleich nach dem Ableben der Vorgenannten praktisch wieder vollständig gekittet wurde, davon gleich mehr – jedenfalls sieht man auf der Bleistiftzeichnung von Ludwig Emil Grimm aus dem Jahre 1838, welche mich, Bettine, im Sitzen vor diesem großen und hehren Goethedenkmalsentwurf zeigt, sehr schön das noch immer typisch Mignon-Zigeunerinnenhafte meiner Person, das ja sogar beinahe Indianische meiner Existenz. Freilich, Goethes Hauptanregung für die Mignon im »Wilhelm Meister« (1796) war, nachdem ich 1807 erstmals nach Weimar gekommen war, natürlich ich.

Andererseits war ich bekanntlich auch das wichtigste Modell für noch ganz andere Goethesche Frauengestalten. »Verliebt bist Du, und zwar in die Heldin Deines neuen Romans«, wie ich schon in meinem halbfiktiven, aber eigentlich gänzlich wahren »Briefwechsel mit dem Kinde« (i.e.: ich) schrieb, und das war m.W. damals die Ottilie in den »Wahlverwandtschaften«, und die aber war erneut keine andere als ich (Was? Die Schwiegertochter Ottilie von Pogwisch? Hah! *Die* Schlampe doch nicht). All diese Metamorphosen von Kunst und Leben mußten damals natürlich leider dazu führen, daß der Meister selber oftmals »so kalt und so eingezogen gegen mich« (ebd.) war – und dies, obschon ich gerade im genannten goethepostumen Briefwechsel ihm, Goethe, alle Türen geöffnet und seinem Genie kongenial entgegengekommen war:

»So muß Deine Seele in meine überfließen, – das glaub' ich«, so bot ich ihm da beispielsweise (Insel-Edition, S. 210) als »Dein treues Kind lieb« (S. 303) »meine ewige Liebe« (S. 342) generös an und gab dann davon auch seiner Mutter, der »Lieben Frau Rat« (S. 62), getreulich Zeugnis: »Ich will nur von ihm nehmen.«

Denn »dies süße Geschwätz mit Dir« (S. 539) war damals, lange Zeit ehe ich mich dann später so ca. 1840 mindestens ebenso enthusiastisch der Karoline von Günderode zuwandte, meine ganze Freude und meine ganze Leidenschaft und, Achim v. A. hin und her, mein Hobby – und immer wieder schrieb ich da an Goethe so kitzelige Sachen wie »Du gönnst es mir, daß ich zuerst Dich fand« (S. 539) – denn schon damals galt und gilt noch heute im Frauenbereich um Goethe:

»Wer kann sich mit mir messen?« (S. 618)

Und die dumme Vulpius, diese kleine und m. W. irgendwie auch sogar schmutzende Person, schon gar nicht. Klar, daß da die Katastrophe als Skandal vorprogrammiert war, es kam, wie es kommen mußte, mein »Herr und Meister« (ebd.) Goethe sah sich veranlaßt, auch nach unser beider Versöhnung im August 1830 (glaube ich) vor seiner längst verstorbenen Frau zum zweitenmal und nun gewissermaßen postmortal in die Knie zu gehen und dem Tagebuch vom 7. August – sein Sohn August starb ominös genug gleich darauf in Rom – anzuvertrauen:

»Frau von Arnims Zudringlichkeit abgewiesen.«

Und worin bestanden diese Zudringlichkeiten? Hah! Nun, meiner heutigen Erinnerung nach darin: »Mein Blick bohrte sich tiefer und tiefer ein« (Kemp, S. 603), nämlich in den Witwer jetzt. Und auch dies brachte ich damals ohne jede Scheu noch falsche Scham zu Papier und beförderte es dann rücksichtslos zum Druck; nämlich daß Goethe mich wortwörtlich bat: »Mache doch den Busen frei, daß ihm die Abendluft zu gut komme ...«

Ich weiß nicht mehr genau, ob ich damals brav gehorchte, nehme es aber an. Kein Wunder jedenfalls, daß Goethe schon am 13.9.1826 dem Großherzog Carl August gegenüber sich beschwerte: »Sie spricht von Nachtigallen und zwitschert wie ein Zeisig.« Und: »Diese leidige Bremse ist mir als Erbstück von meiner guten Mutter schon viele Jahre sehr unbequem. Sie wiederholt dasselbe Spiel, das ihr in der Jugend allenfalls kleidete«; er, Goethe, wenn Ewige Hoheit das auch so sehe, »verbiete ihr in allem Ernst onkelhaft jede weitere Behelligung« – nachdem die langsame Annäherung seit 1821, in der Folge von Bettinens flehentlichen Briefen und Bitten darum, offensichtlich nichts bringe. Nur Unheil.

Daran ist nun wirklich alles falsch. Erstens hatte ich nicht »flehentlich« darum gebeten, sondern Goethe, indem er mir in der Silvesternacht 1820 / 21 im Traum erschienen war. Und zweitens bin ich keineswegs eine »leidige Bremse«, sondern »ein grillenhaftes unbehandelbares Geschöpf«, wie der Engländer Henry Crabb Robinson es 1801 bereits einmal ausdrückt. Offenkundig auch schon schwer genervt von mir.

Und also aber jedenfalls nicht so eine »wahnsinnige Blutwurst« wie diese Ehefrau Christiane, als die ich sie irgendwann einmal in einer aller Öffentlichkeit mitten im Weimar beschimpft habe (Bode, Vertrauliche Briefe 2, S. 530), nachdem sie mir im eifersüchtigen Streit die Brille von der Nase heruntergerissen und zertrümmert hat (Astrid Seele, Frauen um Goethe, S. 104), ha! Und ich bereue es nicht, haha! Nichts!! Nein, ich habe überhaupt nichts zu bereuen! Grille ist nicht Bremse, aber Blutwurst bleibt Blutwurst!

Und wahr ist allerdings auch, was Goethe da andeutet mit dem »Erbstück seiner guten Mutter«. Ähnlich wie mein katholisch gewordener Bruder Clemens später bei der stigmatisierten Nonne Anna Katharina Emmerick, so schlich auch ich ab Juli 1806 mich erfolgreich bei der schon recht alt und vertratscht gewordenen Goethe-Mutter Frau Rat Aja ein, um sie ganz systematisch über ihren inzwischen berühmten »Hätschelhans« auszuhorchen und, ganz ähnlich wie (das muß in der Familie liegen) der Bruder Clemens, als eine Art schwerlich kontrollierbare Mixtur aus Biografin, Romancieuse und Ghostwriterin meine Schäfchen ganz cool ins Trockene zu bringen und eine bis zum heutigen Tag – siehe noch dieses Buch hier – gar nicht unerfolgreiche literarische Karriere zu starten, ich verweise hier auch auf das noch immer beste Buch über die Günderode: Bettina von Arnim, Die Günderode, Günzburg 1840, glaube ich.

Und jedenfalls wenn Goethe irgendwann um diese Zeit zu Riemer gesagt hat: »Die meisten Menschen im Norden haben viel mehr Ideales an sich, als sie brauchen können, als sie verarbeiten können« (Biedermann, Gespräche, S. 717): Dann meint er – fraglos auch wieder mich. Genau so wie er an mich bei Gretchen, bei seiner Natürlichen Tochter, bei Maria Stuart, wahrscheinlich bei der Suleika und mit hundertprozentiger Sicherheit angesichts meines »südländischen Temperaments« (Seele, S. 99) eben bei der Gestalt der Mignon entschieden an mich dachte – an mich, die ich schon als 16jährige immer meine Hände gegen die Brust drückte, wenn ich im Bett lag, »um Mignon nachzuahmen« (a.a.O., S. 99)!

Denn Goethe liebte mich; liebte mich damals bis zum *Wahnsinn*!

Während »Frau v. Goethe« (haha) nun mal eine Blutwurst (südd.: Blunz'n) war und ist!!

Und insofern hat der spätere Dichter und Welträtselphilosoph Georg Friedrich Daumer in seiner Schrift über meinen Goethebriefwechsel 1837 ganz recht, wenn er um diese und »im Namen Goethes und Bettinas« visionär »einen förmlichen Geisterbund gestaltet« imaginiert, ein von »diesen Genien gestaltetes Geistnatur- und Kulturprinzip« – und wenn man, fährt Daumer in wie rasender und beinahe bettinehafter Rauschhaftigkeit fort, zu diesen beiden auch noch »den Namen Rahel Varnhagen hinzusetzen« wolle, im Sinne einer »heiligen Trias« nämlich, »so wären wir keineswegs gesonnen, Einspruch zu tun«.

Nun denn, was Rahel betrifft, so hat ja ihr Mann Varnhagen (August, glaube ich, hieß er, wie Goethes letzter Hund) später gesagt, es sei schön vom Goethe gewesen, daß er um 1807 herum Bettinens jugendliche Leidenschaft nicht »ausgenutzt« habe. Und ich aber wiederhole hier nochmals, was ich damals schon »leise und bestimmt« (Heinrich Meyer, S. 165) geantwortet habe:

»Und er hat's getan! grade das hat er getan.«

Das war zwar wieder gelogen, wie so ziemlich alles, was ich zeitlebens so zusammengefaselt und -gegackert habe, aber gefallen hat's mir trotzdem, wie der Herr als Meister mich bemeisterte. Obwohl ja Goethe nicht mehr der Jüngste und also Virilste war. Überhaupt wird von Goethe heute und gerade jetzt wieder im 250. Geburtstagstaumel und vor dem Hintergrund des von ihm repräsentativ vertretenen »wiedervereinigten Deutschland« (FAZ vom 30.11.98) sowie im Zuge des ohnehinnigen »Goethe-Kults unserer Tage« (Wolfgang Rothe, Der politische Goethe, Göttingen 1998, 239 S., br.) schon gar zu viel Aufhebens gemacht und der Mann mit einem allseitigen »Adorationsgestus« glatt überschätzt und zur »nationalen Ikone erhoben« (ebd.) – Gott, was wird nicht gerade 1999 wieder alles Verehrliches und

Schwärmerisches und noch über den alten Adorno hinaus Emphatisches egalweg zusammengeschmiert werden, obwohl doch eigentlich schon mein alter Freund und meiner Erinnerung nach gleichfalls Lover Ludwig Börne ihn 1832 als »hohen Priester von Karlsbad« entlarvte – und ich ergänze hier: als hohepriesterlicher Falschmünzer gerade auch in sexualibus etcetera pp. – – –

– dieser angeblich so »vielseitige Diamant« (Eckermann, Band 1, fast gleichzeitig mit meinem Buch erschienen, aber lang nicht so erfolgreich) – hm, haha, daß ich nicht quieke wie ein Schweinchen, vonwegen Diamant, eher von einem gebrechlichen rheinischen Schiefer aus der Koblenzer Gegend möchte ich da lieber unken bei diesem alten Pappkameraden und geborenen Frauenfeind, dieser (ich schwöre es hier!) weitweitüberschätzten Weiberbürstlerlegende – aber jedenfalls, wenn Goethe (irgendwann einmal zu Eckermann) sagt: »Ich habe gelebt, geliebt und gelitten« –

– dann hat er bestimmt primär an mich, Bettina, gedacht. Siehe mein glaubwürdiges Zeugnis gegenüber Varnhagen.

Auch wenn ich ihm dann später den Laufpaß geben mußte; Armin von Achim o.s.ä. war ohnehin stocksauer.

Ach ja, »Ich hätte zu antworten tage- und nächtelang«, mit der berühmten Kafkaförderin Milena Jesenská (Briefe 1912–40, Bollmann Verlag 1996) zu seufzen, hätte ich auf alle die Leidenschaftsschwüre Goethes auch nur kleinsten Echolaut geben sollen; wollte ich andererseits auf all die Sottisen und Medisancen replizieren, die sie mir seit annähernd zweihundert Jahren vorhalten, was für eine reine Klatschbase und speziell Goetheausrichterin ich doch seye, und darum, nur darum sage ich jetzt lieber gar nichts mehr – und beteilige mich im besonderen auch nicht an dieser Anthologie, an diesem vorgeblich objektivitätssuchenden Goethefrauenbuch.

Meine Gründe:

Gewiß hätte auch und gerade ich, Goethes anerkannt wichtigste Geliebte oder doch jedenfalls leidigste Bremse, hier meine Pflicht vor dem Altar der Literaturgeschichte getan und zum zweitenmal nach meinem dubiosen, ja hochobskuren Säkularwerk von 1835 abgesahnt und meinen dummen Senf beigesteuert und ins große Tratschkompott (praktisch eine Umkehrung der tollen Multi-Lovestoryidee meiner guten Freundin Fee Zschocke, März-Verlag ca. 1978 herum) auch noch meinen langangegammelten Schmarren mit dreingeschmiert. Zweitens ahne ich jedoch, daß der Buchherausgeber E. Henscheidt mich beinahe noch weniger leiden und ausstehen kann, als mich einst Goethe ertragen konnte (zu Recht). Drittens verweigere ich hier meine an sich unabdingbare Mitarbeit, weil ja m.W. dieser Herausgeber das ganze schöne Geld und Honorar seitens des Verlags (und wie gerne hätte ich doch gerade die aufstrebende junge Verlagsszene der neuen Bundeshauptstadt Berlin mit meiner Feder Glanz unterstützt) ganz alleine einschiebt – so steht es im Vertrag, ich hab mich erkundigt bei der Assistentin Frau Krummhals, die mich scheint's gar nicht kennt und mir deshalb alles brav steckte.

Und viertens aber bin ich auch darüberhinaus noch immer

vergrämt, ja sauwütend, daß nicht ich, sondern vielmehr die mir intellektuell und charakterlich weit unterlegene Klavierklimperin Clara Schumann es ist, die wo auf dem momentanen von der Deutschen Bundesbank in Frankfurt gedruckten blauen Hundertmarkschein vorne drauf ist, einem kostbaren und »besonders schön gelungenen Geldschein« (Brigitte Kronauer); während ich, die superieure, die dieser brunzdummen Clara weit vorgeordnete Bettina, leider nur auf dem Fünfmarkschein drauf bin; angeblich, weil mein spitz zulaufendes Vettelgesicht der Grimm-Radierung von 1838 eigentlich geldscheininkompatibel ist und, wie ich wiederum durch Fax von Fee Zschocke höre, deshalb die Benutzer sogar vom Sparen abschreckt. Und also bloß zum schnellen Weitergeben ganz im Sinne des 5-Mark-Scheins anhält.

Und dieser 5-Mark-Schein, wie mir Elfriede Jelinek (oder war es Herta Müller?) telefonisch mitteilt, sogar heute auch immer mehr verschwindet und mehr oder weniger unvermerkt bald ganz aus dem Verkehr gezogen werden soll.

Wie ich selber? Ich als die ständige Mahnung, der unabweisliche böse Schatten Goethes, der ständige Gewissenswurm für alle unkritischen Goethe-Enthusiasten? Ich weise jedenfalls diese bösartige Verdächtigung sowie das tückische Verhalten der geldverantwortlichen Bundesbank hier mit dem Ausdruck der entschiedenen Abweisung und des tiefen Ekels vor so viel hundsgemeiner Frauenanfeindung mit aller Energie hiermit zurück und verweise zum Gegenbeweisantritt auf die mir durchaus schmeichelnde Wilhelm Henselsche Bleistiftzeichnung von mir aus dem Jahre 1853 – nur sechs Jahre vor meinem Tod und mit also immerhin schon 68 Jahren! Als überaus edles Angesicht müßte diese der Bundesbank doch ebenso gefallen wie dann auch den erfreuten Benutzern. Und auch mir. Gewiß, gerade diese Zeichnung sähe ich (gegen eine kleine Schutzgebühr) gerne auf den vielleicht nächstens bevorstehenden 300-Mark-

Scheinen – oder auch meinetwegen dann als Euro. Von 150 Euro aufwärts ist mir im Prinzip alles genehm.

Meine Referenzen: Zahlreiche Buchveröffentlichungen (u. a. Königsbuch oder so ähnlich, Frühlingskranz, zus. mit meinem verstorbenen Bruder Clemens, Briefwechsel mit meinem Mann usw.) – sowie auch die schon ältere Frauenbriefmarkensonderserie der Deutschen Post (heute: Telekomm). Da, auf so einer Marke, stehe und prange ich nämlich schon drauf, zus. mit u. a. Clara Schumann, Clara Zetkin, Ricarda Huch und sogar der unvergessenen Elly Heuss-Knapp.

Marianne

Ach, wenn ich hier gleich berichte
Samt jenen Geheim-Amouren
Meine Abenteu'r-Geschichte
Mit Herrn Hatem auf den Spuren

Der Suleika, die den Dichter
Wie ihr eigen Leben liebte
Trotz des Gatten Hochgericht. Der
Beider süßes Treiben trübte,

Wie im »Divan«, so im Leben:
Willemer stand auf gen Goethe;
Marianna sah's mit Beben –

– ach, wie ist das alles blöde, dieser alte und doch, gleich offen gestanden, etwas kindische »Divan«-Ton von 1814 ff., der Ton und Rhythmus, in welchem ich hier mit noch immer leidlicher Fazilität eigentlich in Form von seinerzeit vorgeprägten Versen und ganzen Gedichten meine damalige Leidenschaft für Goethe als angelegentliche Sondereinlage für diesen freundlich geplanten Elffach-Memorienband besonders schönstens und innigst einbringen wollte – jetzt, wo ich auch mit 35 Jahren Verspätung, nämlich unlängst im Jahr 1849 (und längst ordentlich verwitwet, nämlich schon seit elf Jahren), der Welt und beflissenen literarischen Öffentlichkeit eingestanden habe, daß so manche Lieder des inzwischen gar berühmten »West-östlichen Divan« (veröffentlicht erst 1819, entstanden aber zumeist 1814) sich keiner anderen als mir verdanken; mir, die ich hier inzwischen 64jährig recht abgeschieden befindlich in einer kleinen Frankfurter Zweizimmerwohnung in der Alten Mainzer Gasse wohne – und keineswegs mehr prächtig wie vor gut 35 Jahren, ich war mir selbst ein Rätsel, mit dem auf Rhein-Main-Tour gastierenden Geheimrat auf der Gerbermühle am Mainufer herumpoussiere, passati tempi, ach ja –

– aber gerade noch rechtzeitig merke ich eben, daß das mit den gereimten Zeilen nicht recht vorwärts geht. Die Dinge zwischen mir und Goethe lagen wohl auch trotzdem etwas komplizierter und moderner und deshalb prosaischer als zwischen den altpersischen Liebesleutchen Hatem und Suleika, und deshalb wähle ich hier also lieber stracks die vertraute Prosa, sie passt auch besser zu mir fast schon hinfälligem »Großmütterchen«, wie man mich seit der kürzlich gefertigten Fotografie (Daguerreotypie) von 1860 nennt; mich, die also längst wie viele andere Goetheüberlebende zum lebenden Legendchen geworden ist; zumal seit dem Zeitpunkt, da ich mich dem jungen Germanisten und Goethephilologen Herman Grimm eröffnet und einbekannt: nämlich daß ich Goethes Briefe zusammen mit meinen eigenen mir von Goethe (kurz vor seinem Tode) mit unschätzbarem Wohlwollen geneigtest wiederanvertrauten und nämlich zurückgesandten in meinem gläsernen Kasten als wertvollen Schatz und nach Goethes teurem Willen ungeöffnet hütete – ehe ich dann gleich nach Goethes Ableben das Kästchen herzhaft erbrach und füglich obendrauf auch gleich ein überaus erquickliches Gedicht von ihm, dem alten lyrischen Galan, vorfand, in welchem er in freilich etwas dürftigen, aber doch recht warmen Versen diese Briefblätter als »Zeugen allerschönster Zeit« benennt. Mein Gott, er wollte sie halt wieder loshaben in seiner, so stelle ich mir vor, ohnehin überbordenden Papierwiederverwertungsfabrik im Frauenplanheim zu Weimar da droben – je nun, und wie hätte ich jetzt all diese z.T. überaus zarten, zum Teil nur allzu verworrenen und seelisch verfänglichen Dinge groß umständlich in auch noch sich reimende Verse kleiden sollen? Das insgeheim von mir in den »Divan« geschmuggelte Gedicht, auf das ich als eine echte »Goetischkeit« (H. Meyer, S. 578) doch recht stolz bin und auf das ich mit meinem obigen Gedichtsversuch selbstzitatlich anspiele, das lautet und beginnt in Wahrheit so:

»Ach, um deine feuchten Schwingen,
West, wie sehr ich dich beneide:
Denn du kannst ihm Kunde bringen,
Was ich durch die Trennung leide.

Die Bewegung deiner Flügel
Weckt im Busen stilles Sehnen;
Blumen, Augen, Wald und Hügel –«

– usw., jeder kennt das als Ohrwurm oder kann ihn in jeder Goethe-Anthologie nachschlagen, es wurde dann wohl auch mehrfach vertont, z.B. von keinen geringeren als den Spitzen-Compositeurs F. Mendelssohn Bartholdy und Schubert Franz, dessen letzteren Version, zusammen mit dem Schwesternwerk »Suleika«, also »Was bedeutet die Bewegung« (das ist alsdann wirklich vom Goethe nach meiner Erinnerung), ich also schon ganz besonders schätze und herzlich liebe; während Goethe (wie man inzwischen rausgebracht hat) das von F. Schubert (Wien) an Goethe abgesandte Päckchen mit Liedervertonungen nicht mal aufgemacht hat. Nun, obwohl ich mir angeblich sogar ursprünglich gewünscht hatte (s. A. Seele, Frauen um Goethe, S. 120), Beethoven, auf welchen Goethe bekanntlich 1810 in Teplitz traf, möge den »Divan« wegvertonen, so habe ich Schuberts Rang meines Erachtens sehr schnell erkannt. Goethe war eben in musikalischen Belangen doch erfühlbar und schmerzlich konventionell, richtiggehend ahnungs- und fast gehörlos, so wie er auch in anderen Bereichen vielleicht doch arg überschätzt wird. Um so besser, daß zum Goethejahr 1999 zu all dem Lob-Stuß und Verehrungs-Schmus immerhin ab und an auch noch ein Werk erscheint wie »Der unbegabte Goethe« (Hanser, München – ein mir durch seine neue komment. Eichendorff-Gedichte-Edition schon besonders lieber Verlag), in welchem da also von Ludwig Börnes »Pfui!«-Ruf aus dem Jahr 1821 über den mir allerdings leidlichst verleideten Kilchberger Renommier-Romancier Th. Mann bis zu Franz Grillparzer auch allerlei erfreulich Goethe-übelnachredendes und z.T. zu Recht Schimpfierendes steht, grantig und krattlerisch Schmähführendes auch, wie man in meiner österr. Heimat (geb. 20.11.1784 in Linz) zu sagen pflegt – und das finde ich auch sehr gut so, denn von Schubert verstand der alte Goethe rein gar nichts. Dabei wird doch gerade meine letzte Strophe erst in Schuberts werter Einkleidung so besonders zart und wehmütig und schon ganz seraphisch schön:

»Sag ihm nur, doch sag's bescheiden:
Seine Liebe sei mein Leben,
Freudiges Gefühl von beiden
Wird mir seine Nähe geben.«

No, »freudiges Gefühl« finde ich heute nicht mehr so schön, finde ich (durch Hölderlin anspruchsvoller geworden; auch ihn erkennt Goethe nicht und schmäht und verspottet ihn gar) sogar ein bisserl – no halt: platt. Immerhin ist Goethe gnädig genug, seinen Kunst- und Reimdiebstahl wiedererkannt zu haben; als er nämlich viel später gerade dieses *mein* Gedicht im Poesiebuch des Kuhhirten Eckermann von 1823 als ganz besonders »goethisch« gelobt und empfohlen vorfindet; welches er sich, so schreibt er mir dann am 9. Mai 1824 »in der Stille mir lächlend angeeignet«, nämlich (und nun passen Sie gut auf auf den galanten Trick) als das, »was denn auch im schönsten Sinne mein eigen genannt werden durfte ...«

Jo freilich, so kann man das natürlich auch nennen: »in der Stille mir lächlend angeeignet«. Nach dem bürgerlichen Gesetzbuch aber könnte man auch von geistigem Diebstahl, Mundraub (buchstäblich), ministerlicher Amtsanmaßung sprechen, Herr Collega poetica.

Denn so eine moderne Autoren-Coop waren wir damals um 1814 herum freilich keineswegs!

Sondern der Goethe hat sich vielmehr, wenn Sie mich fragen, immer auf allerlei unterschiedliche Weise bei den Frauen bedient; hier eben gleich doppelt. Nämlich eine halt auch noch dichterisch bekrampelt, von ihr stibitzt. Übrigens nicht zum erstenmal. Eins seiner schönsten Liebesgedichte, noch vor meiner Zeit, also »Ich denke dein, wenn mir der Sonne Schimmer vom Meere strahlt«, das ist ja von Haus aus von der inzwischen vergessenen Dichterin Friedrike Brun und aus dem erst im Jahr zuvor erschienenen Musenalmanach von 1795. Allerdings hat da nun

Goethe diese Brun wirklich schönst verbessert. Jene, die sich ihrerseits auch nur bei dem Gedichte »Ich denke dein« von Friedrich Matthisson von 1781 bedient hat.

Freilich, so geht's halt zu auf der Welt, gerade ich als Bankiersgattin könnte dazu und nämlich von solchen Kramplereien im Geistigen noch so manches Liedchen singen.

Was allerdings er, Goethe, letztlich akkurat an mir fand, ist mir eigentlich bis heute, um aufrichtig zu sein, recht schleierhaft, nebelverhangen wie nur eine Harzreise im Winter. Einerseits war ich (geb. Jung) als aufstrebende Schauspielerin, Sängerin und Tänzerin am Frankfurter Nationaltheater schon eine gewissermaßen Attraktion, ich war auch eine recht fesche, g'schleckte Person, also ganz offensichtlich hatte ich halt durtmals eben dieses »Quasig'wisse, auf das die Männer so fliegen tun« (wie es die allerdings Wienerin Franzi in Oscar Straus' »Walzertraum« ausdrückt) – andererseits war ich doch mehr so eine recht kleine und, sofern ältere Bildnisse nicht trügen, mehr pummelig-pausbäckige Person, schon in meiner Jugend schimmerte eine bißchen allzeit das Großmütterl durch, kein Vergleich jedenfalls zu Goethes anderen G'spusis und recht feminin-grazilen Nebengeliebten von der Minerl Herzlieb bis zu der Silvie Freiin (!) von Ziegesar (die schiache Ehefrau Christiane zuhause wußte m. W. von uns allen dreien nichts). Goethe war halt auch schon geschlagene 35 Jahre älter als ich, und ich gerade, um das Wortspiel zu wagen, jung verheiratet, mit nämlich dem Frankfurter Schriftsteller und Bankier Johann Jakob Willemer – und wissen Sie, was mein Eindruck von Anfang war? Daß mein Mann, der also den Goethe schon länger kannte, unsere, Goethes und meine, z.T. offene, z.T. im Briefwechsel und im Gedicht poetisch chiffrierte Amoure oder vielleicht auch Affaire insgeheim nicht allein im Stillen tolerierte und billigte, sondern sogar – fesch beförderte! Und nämlich Goethes baldige Verabschiedung nach Weimar zurück fast genau so geschmerzt zur Kenntnis nahm wie ich; ich, die sich damals, wie ich später auch zur Erinnerung im Okt. 1819 dem Goethe schrieb, im Suleika-Gedichte wie realiter in einem irgendwie »erhöhten Zustande« befand –

– so wie er, Willemer, Goethes Nähe in jenen heiter geselligen Sommertagen 1815 mit dem hohen Herrn aus Weimar beinahe schon genau so genoß wie ich. Und darum Goethes Einquartierung z.T. auf der Gerbermühle, z.T. in unserer Stadtwohnung, im Haus »Zum roten Männchen«, nicht minder billigte, schon derart richtiggehend erwünschte, daß sogar so eine zarte und seelenvolle und astral gesinnte Biografin wie Frau Astrid Seele in ihren einfühlsamen Zeilen (a.a.O., S. 113) auf die Idee einer modernen Tripel-Triptychon-Wohngemeinschaft o.ä. Sexualkommune kommt u. dgl. mehr. Zumal Willemer nach Christel Goethes Tod 1816 sogar den Gedanken hätschelt, Goethe zu offerieren, sich ganz bei uns in Frankfurt niederzulassen – »wie er sich allerdings eine solche Menage à trois vorgestellt hat, bleibt sein Geheimnis« (Seele). Ebenso wie eben auch, was es mit seiner vorherigen so »großmütigen Bereitschaft« auf sich gehabt hat, »Goethes Verhältnis zu Marianne zu tolerieren, ja sogar nach Kräften zu fördern«.

No, ich als das damalige Zentralastralgestirn dieser heiligen Drei könnte natürlich hier ganz schön auspacken und u.U. Willemer wie Goethe bloßstellen – Goethe unkt dann auch in einem späteren Brief an mich und meinen Mann vom 12.1.1829

nochmals reichlich ominös und obskur im verschleierten Zusammenhange seiner drei »guten Enkel« von einer »etwas lebhafteren Wahlverwandtschaft« herum, dunkel anspielend auf sein Romanpersonal und dessen so quasi höhere erotischen Verschlingungen. Einerlei, was er genau damit hat andeuten wollen, weiß ich nicht, weiß nicht einmal ich.

Zuweilen liest man, z.B. beim Kanzler Müller, dann auch gewisse Spekulationen Goethes rund um eine »Doppelehe«, nämlich vor dem Hintergrund also der »Unnatürlichkeit der Ehe« und das heißt Monogamie; no, man kennt das inzwischen von den modernen Kommunen Berlin 1968 her, und so wie der Langhans und der Konzelmann dadurch halt auch immer nur an mehr extra scharfe Frauen i.e. Uschi O. drankommen wollten, grad so hat auch schon Goethe unablässig mit solchen Phantasien vonwegen Doppelliebhaber und Schwestergeliebter usw. gespielt; so viel darf ich hier ausplaudern aus meinem großmütterlichen Nähkästchen.

Und auch lag ihm meiner Einschätzung nach an einer offenen Ehe jenseits der Zwänge der Monogamie. Aber dann ist er halt doch feig nach Weimar zurück und hat im Folgenden nur noch in Briefen schönsten Goetheschen Altersstils »unwandelbar in freundlichster Neigung« an mich, die »Frau Geheimrätin von Willemer Gnaden aufzubewahren Frankfurt am Main« gedacht (sein letzter Brief mit dem Päckchen, abgeschickt am 10. Febr. bzw. 3. März 1832, 19 Tage vor seinem Verscheiden). Also, wie bereits angedeutet, er wollte sich vor seinem Ableben halt einfach etwas befreien, nämlich wenigstens verringern »die grenzenlosen Papiere, die sich um mich versammelt haben«, als »Zeugen allerschönster Zeit« – und sodann gleich nochmals: »Dergleichen Blätter geben uns das frohe Gefühl, daß wir gelebt haben.«

Beinahe ein wenig ungalant und roh, oder? Mir, der »lieben heiteren Freundin« (7.6.31), einen derart unheiteren Goetheschen Altersstil vorzupflanzen. Wahrscheinlich wollte er mich damit wirklich, wie man in meiner Heimat sagt, einfach pflanzen – er sagt auch mal irgendwo zu seinem »verständigen guten Ekkermann« den Satz: »Ich bin ein Freund der Pflanze«; aber auf der anderen Seite: Schön ist es doch auch schon, sein gleichfalls von Schubert vertontes und an mich, Marianne, gerichtetes »Suleika«-Gedicht:

»Was bedeutet die Bewegung?
Bringt der Ost mir frohe Kunde?«

Und dann, und dann der tränenschöne Schluß:

»Ach, die wahre Herzenskunde,
Liebeshauch, erfrischtes Leben
Wird mir nur aus seinem Munde,
Kann mir nur sein Atem geben.«

Dieses Suleika-Gedicht, wohl, ist wirklich von ihm, Goethe; das konnte schon nur *sein* Atem geben, da merkt man so recht, wie »des Lebens Leben Geist« (Suleika – also ich – an Hatem) wird und schon ist. Also, der Heinrich Heine hat letztlich wohl schon ganz recht: Der »Divan« sei, schreibt er in der »Romantischen Schule« von 1835, »so leicht, so glücklich hingehaucht, so ätherisch, daß man sich wundert, wie dergleichen in deutscher Sprache möglich war«.

No halt, weil es eben so quasi partiell mein Werk mit war, lb. Heine – mein weiblicher – Geist! Der da z.T. direkt-praktisch, z.T. spirituell in den Goetheschen Textcorpus mit eingreift, womit durch die Liebe selber ebendiese brave Marianne »gar für einige Augenblicke zur Dichterin wird, der einige der schönsten Strophen des ›Buchs Suleika‹ zu danken sind«. So meint jedenfalls in seinem Buch über Weimarer Klassik (S. 512) ein heutiger Herr Dieter Borchmeyer – Goethe selber hielt freilich vom »poetischen Talent der Frauenzimmer« (Eckermann 18. 1. 1825) wenig: Sie hätten von der Poesie »sehr schwache Begriffe«. Lachend gibt er da deshalb einmal dem Hofrat Rehbein recht, laut dem das Dichten bei Frauen sich einer Art »geistigem Geschlechtstrieb« verdanke und gerade deshalb, so Goethe beifälligst, nach seiner Erfahrung eben auch wieder verschwinde schon mit der ersten Mutterschaft. Von all diesen verwinkelten Zusammenhängen hätten freilich »unsere Frauenzimmer nun vollends keine Ahnung«, so meckern beide noch eine Zeitlang weiter vor sich hin, so daß der Eckermann am Ende richtig begeistert zusammenrafft: »Es war ein köstlicher Abend!«

Auch späterhin quengelt der Goethe gegenüber dem Eckermann zu diesem Thema nur so mehr verdrießlich herum: »Die Frauen tun das meiste durch Einbildungskraft und Temperament«, so konzediert er verdächtig generös am 20.12.1829, schränkt aber am 17.1.1827 schon wieder unleidig ein: »Man muß den schönen Frauen nicht gar zu viel angewöhnen, denn sie gehen leicht ins Grenzenlose.« Ob er damit ausgerechnet mich, seine »liebe Kleine«, meinte, das weiß ich nicht. Goethe litt damals wohl insgesamt und wirklich sehr an seinem eigenen »Kaltsinn« (wie Knebel im Brief vom 15.2.1811 an seine Schwester schreibt; Bode II, 505); der »Meister«, so Charlotte Schiller im Brief vom 18.3.1811, sei immer »finsteren Humors« (Bode II, 507) – und am entschiedensten faßt es meine im zeitverschobenen Sinne große (und auch etwas höhergewachsene) Rivalin Charlotte von Stein für das Jahr 1813 zusammen: »Goethe ist immer krank« – nicht allein wegen seinem sehr bedauerlichen »taedium vitae«, wie er es selber im Brief an Zelter vom 3.12.1812 nennt, von dem er sich »auf gewisse Art zu betäuben sucht« (Knebel a.a.O.) – no, und diese Betäubung war eben dann bald drauf ich. So daß Karoline von Humboldt bereits am 7.8.1819 gegenüber ihrem Manne die starke Erfolgsmeldung bekannt- und durchgeben kann, jetzt sei Goethes »reiche Natur« wieder in Koalition mit dem »Glück«; nämlich über den Umweg des »Divan«, also via die Dichtung als »die sublimierten Gefühle der

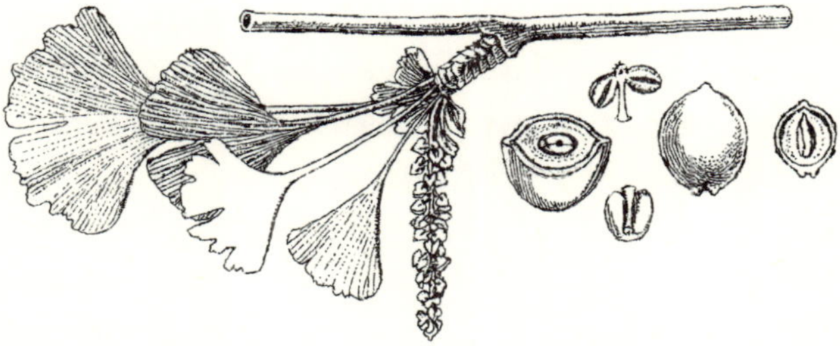

Liebe« (Gespräch mit Riemer, 6. 12. 1807). Die aber haltum schon so sublim sind, daß es kaum jemand, nicht einmal mein Willemer, so ganz begreifen sollte. Wie Goethe alsdann in der gleichfalls mich meinenden »Seligen Sehnsucht« so unvergleichlich darniederschreibt:

»Sagt es niemand, nur den Weisen,
Weil die Menge gleich verhöhnet,
Das Lebendge will ich preisen,
Das nach Flammentod sich sehnet.«

Also, schön, das hätte ich vielleicht doch nicht so ganz so gut hingebracht; obgleich es, wie Goethe, im deutlichen impliziten Verweis auf mich, bereits am 14.4. 1824 J.P. Eckermann zu Protokoll gibt, »unter deutschen Frauenzimmern geniale Wesen gibt, die einen ganz vortrefflichen Stil schreiben, so daß sie sogar manche unserer gepriesenen Schriftsteller darin übertreffen«. Dank, lieber Goethe – Dank für diese verschwiegene Huld und Huldigung! Dank auch für das Gedicht »Dem aufgehenden Vollmonde«, welches Du mir, mein Genius, noch am 25. August aus dem Dornburger Schloß heraus schreibst und prompt zuschickst, darin zeitversetzt und noch einmal doppeltchiffriert meiner gedenkend, nämlich wie damals im Sommer 1815 »überselig die Nacht war«! Dank endlich für das berühmteste aller Deiner Gedichte, das vom »Gingo biloba« vom 15.9. 1815, dessen Reinschrift Du, Goethe, mir, Marianne, zusammen mit eingeklebten Gingo-Blättern zartest zusandtest:

»Dieses Baums Blatt, der von Osten
Meinem Garten anvertraut,
Gibt geheimen Sinn zu kosten,
Wie's den Wissenden erbaut.

Ist es Ein lebendig Wesen,
Das sich in sich selbst getrennt?
Sind es zwei, die sich erlesen,
Daß man sie als Eines kennt?

Solche Frage zu erwidern
Fand ich wohl den rechten Sinn;
Fühlst du nicht an meinen Liedern,
Daß ich Eins und doppelt bin?«

Was ein herrlich schönes Werk! Was eine taktvoll verschwiegene Entschuldigung für seinen vorgenannten Suleika-Schwindel mit den beiden letzten Gedichtzeilen samt Hommage an meine dichterische Parität bis hin zur »Identität« (Habermas)! Was Wunder, daß kein Geringerer als der berühmte Frankfurter Goetheverleger und Goethespezialist S. Unseld zu diesem Thema alles Wichtigste zusammengetragen und aufgeschrieben hat, derart die bipolaren Paare Hatem-Suleika und Goethe-Marianne mit der Hereinnahme von Siegfried-Ulla B. zum Dreigestirn auszuweiten! So daß ich sein Buch hier nur jedermann empfehlen kann (S. Unseld, Goethe und der Gingo, Frankfurt, Insel TB Nummero 1188. Limit. Vorzugsausgabe. Leder. DM 120,–). Daß, eine letzte Steigerung, ja auch noch als Eskalation ins schon Quadrupelmäßige, sogar das herrliche Paar Regina und Eckhard H* im Jahr 1981 sein bis zum heutigen Tag beständig maßlos strotzendes Eheleben auf dieses so »hochsymbolische« (B. Clausen) Gewächs Gin(k)go gegründet hat:

Nein, kein Wunder ist's.

Bloß nur das allererste Gedicht, welches Goethe mir nach unserer allerersten Begegnung im Okt. 1814 zugedacht hat, das – gefällt mir gar nicht; das hätte ich selber weißgott besser gekonnt:

»Zu den Kleinen zähl ich mich,
Liebe Kleine nennst Du mich«

usw., ein lustloses Rollengedicht, bäh, und manchmal frage ich mich schon besorgt, ob das mit dem »Kaltsinn« Goethes doch am Ende ganz richtig ist. Nur, da fällt mir grad noch ein, daß das Gedicht aber vielleicht wirklich von mir ist – als mein Eintrag in Goethens Stammbuch. Tscha. No egal.

Andererseits, Kaltsinn hin und her, war der Goethe zu der Zeit in Weimar eben auch schon der selbst- und fremdstilisierte Geheimrat und Minister und Olympier der deutschen Nationalliteratur, so war er mir auch zuerst bereits vorgestellt worden. Wie ich späterhin immer akkurater erfahren sollte, stritten sie sich spätestens seit der Jahrhundertwende in Weimar und anderswo richtiggehend schon darum, was genau er denn nun wäre und sei, »unser genialischer, herrlicher Goethe« (Karl von Dalberg 1814, Bode II, S. 261): mehr ein »Apoll« (dafür plädiert u. a. eine gew. Lilli Partey in ihrem Tagebuch von 1823) – oder doch mehr ein »prächtiger Jupiterkopf«, wie z. B. die Lotte Schiller 1813 (Bode II, 587) wähnt? »Apolls Stellvertreter«, wie Herder (allerdings zu Recht etwas früher, 1798) mitteilt; oder vielmehr eben doch »Jupiter« (so gleichlautend Cousin, Kugler, Odyniec, Mendelssohn Bartholdy, Baudissin und Kaiser Nikolaus von Rußland) mit »Jupiteraugen« (Adele Schopenhauer, eine Gans). Jedenfalls »ein Gott« (so gleichstimmigst die Damen und Herren Voss d. J., Kayser, Bürger, Heine, Heinse, Friedrich Schlegel, Rahel Levin, Karoline Herder, Brentano und Johanna Schopenhauer) – oder doch zumindest ein »Halbgott« (Sophie Tischbein) respective »Götterliebling« (Eckermann, 1827) bzw. »Mittler Gottes« (Voss d. J.).

Jedenfalls: »Welch ein Kopf!« (Feuerbach, 1920) bzw. »Was für ein Kopf!« (Cousin 1825) – und nun also ich »liebe Kleine« neben diesem »Montblanc unserer Literatur!« Der da »in seiner stillen Herrlichkeit wie die Sonne aufgeht« (diesmal die Johanna Schopenhauer am 28. 11. 1806 an ihren m. W. etwas zurückgebliebenen Sohn A.) – und gleichzeitig auch noch ein »Adler« (Johann Georg Zimmermann macht damit schon 1774 der Frau von Stein den Mund wässrig und die Augen erhoben) sein soll, jedoch simultan item ein »Löwe« (Trippel) und »Tiger« (Zimmermann, Lavater) – für den letzteren war er allerdings gleichzeitig auch ein »Lämmlein« voller »Gutherzigkeit« – – –

Als solches immerhin ist er mir meistens gegenübergetreten, er trachtete mich wohl mehr mit neckisch niedergeschlagenen Lämmleins- als mit Adleraugen zu erbeuten oder jedenfalls sich mir in die praktisch fast noch jungfräuliche Seele zu schleichen – no, lachen habe ich dann auch immer müssen darüber, daß und wie sie sich in Weimar und anderswo auch über diese Augen, über die Augenfarben, nicht und nicht haben einigen können, da sind also die Meinungen von »schwarz« über »braun« und »hell« und »dunkel« und »das Weiße stark gelblich« bis dreifarbig auch entsetzlich durch- und auseinandergegangen (genauere Aufschlüsselung in: Eckhard Henscheid, Seine Augen! Ach! Merian Weimar-Heft 1994, S. 7 f.). Alsdann, wenn Sie mich jetzt so direkt fragen: So aus dem Stand heraus bzw. in der niederschreibenden Verwirrung durch das Stimmengeschwirr weiß ich es jetzt auch nicht mehr so präzis, ich tippe aber mal auf grün oder jedenfalls gelblichgrün bis smaragd, no, es wird halt schon viel Quatsch geschrieben und geredet in dieser unserer modernen Zeitungs-»Halbkultur« (Goethe zum Dr. Eckermann schon am 2. Jan. 1824) und ihrem Hang zu Legendenbildung, ihrem nimmermüden Drang zu Mythologie und endlich sich selbst fortwurstelndem Geschwätz und eben nimmersattem Schmäh. Was aber unsere ursprüngliche Frankfurter Menageriewirtschaft anbetrifft, also wissen Sie, wie ich's mir also bittschön denke? So, daß also der Goethe bei und mit uns beiden seiner halt schon viel früher und seinerzeit beim Kestner und jener Charlotte Buff zutage getretenen Impulsivität zur Tripelsexualitätsbildung nachzugeben wünschte, weil er sich an den Kitzel von circa 1775 schon halt nur zu gern erinnerte; daß er also direkt ein bißl ungustiös, obschon genaugenommen gar nicht bisexuell veranschlagt, ein wenig in höheren Sphären herumschweinigeln und -schwaumeln wollte, aus dem taedium vitae heraus hinein vollrohr ins Te Deum von größtmöglicher Panerotiik ausgerechnet am Mainufer (keine zweihundert Jahre später griffen das die Frankfurter Grünen rund um D. Cohn-Bendit und Jockel Fischer in allerlei Resolutionen und visiones beatae wieder auf!). Und auch meinem Mann war das scheint's wirklich gar nicht so unrecht. Und, kurios, mir auch nicht. Mei, eine rechte Konfusion war das damals rund um den Gin(k)go herum, und der Goethe war in seinem Element und in seinem Johannisfeuerfieber davon wohl am angestecktesten, direkt schon infektiös verrannt – g'spaßig genug redet er mich in seinen Briefen, wo er mich sonst immer steif mit »Sie« traktiert, dann einmal aus Versehen auch mit »du« an (am 26. Juli 1819) – mei, er war halt immer noch arg zerwirrt, der Herr Minister; aber auch da schon, wo also der berühmte Brief mit dem Gingo-Gedicht vom 27.9.1815 gleichzeitig an mich – und aber auch an meine sogar um zwei Jahre ältere Stieftochter Anna Rosina Magdalena (aus Willemers erster Ehe), genannt allgemein »Rosette«, adressiert ist: Schöne und wahrlich g'schupfte Zustände waren das damals in unserer fast ein bißchen viehischen, ja zoologischen Menagerie am linken Mainufer – da kann man wirklich zur Verteidigung nur bloß noch den schon recht alten Herrn v. Goethe ins Feld führen: »Das Schöne ist doch immer vernünftig« (zu Eckermann, also, der hätt' auch noch excellent dazu gepaßt, der alte Goethe-Haberer; am 18.4.1827).

Was aber nun die genialen und jedenfalls manchmal mitdichtenden Frauen nochmals anbelangt, so hab ich natürlich lang vor dem Goethe seinen Brief vom Mai 1824 schon gewußt, daß ich also am »Divan« meine Anteile habe, nämlich seit der Post vom Juli 1819, wo er, Goethe, mir das Büchl mit den steinalten Duettgedichten promptest zugeschickt und dabei noch das ganze dahinterprangende doppelverfasserliche Geheimnis Geheimnis hat sein lassen. Nein, Prozente, wie heute bei Teamwork üblich, hat er mir damals nicht zukommen lassen; war auch leicht besser so; es ist zwar dortmals schon die erste bürgerliche Frauenemanzipation will sagen mit diesen schreibenden und literarisch tratschenden Frauen (von der unsäglichen Günderode bis hin zu der den Goethe allzeit wie eine saure Citrone ausquetschenden quatschköpfigen Bettina B.) losgegangen – ehrlich gesagt, ich bin jedoch in dieser Hinsicht eh etwas konservativ und denke da sogar richtiggehend konventionell; vor allem wenn ich an die Spätfolgen von Karin Struck über meine Landsmännin Jelinek bis gar zur Kollegin Ruine Linser denke, o mei. Also eigentlich halte ich's inzwischen diesbezüglich ganz mit dem im Grunde lediglich bloß das Verdammungswort des Hl. Clemens aufgreifenden und in einen Vers zwingenden Spruch des Abraham von Santa Clara:

»Die Weiber solln sich schamen – Amen.«

Ha, freilich, der hätt' gut und gern auch noch in unsern »Divan« reingepaßt, in die Sektion »Arschgered«!

Auf das Tripelsexhintergründige und Panerotikverhangene aber spielt im übrigen dann auch nochmals schon mein inzwischen vielzitierter und bei der Marianne-Philologie hochbeliebter Brief an den Goethe vom 2. Okt. 1817 an, da wo ich also schon recht verschleiert, richtig schleiereulenmäßig anspielungsdumpf von »Luftschlössern« unke, »welche Willemer baut und ich möbliere«. O mei o mei – und oftmals träume ich eh noch heute davon, wie diese beiden Rivalen mit dem Degen da aufeinander also losmarschieren, sich dabei wechselseitig in den Main stoßen, wo ich dann aber sogleich als Nixe und Undine Lorelay nachstoße u. die beiden umschlinge und petschiere u. umgek. und bei diesen Umgarnungen auch noch so manchen anderen aus Offenbach im Abendsonnenschein herüberrudernden Schiffer eh im wilden Weh ergreife und in der farbigen Wogen buhlerisch klingenden Schlund hinabzerre, ach, ach – no schön – wissen Sie aber, wie ich mir's letztlich zusammenreime, wie ich dem Goethe seine erotische Furorwut (noch über die Kestner-Buff-Reprise weit hinaus) zusammenreime? So:

Weil der Goethe bekanntlich seinerzeit die Lili (Schönemann) nicht gekriegt hat, deswegen wollte er tiefenpsychologisch und direkt ein bißl deppert eben wenigstens alternativ, schon richtig grünalternativ eine Bankiersgattin wenigstens u. immerhin zum G'spusi – oder noch präziser und noch ausgeschamter: Er wollte, nachdem er schon (bei der Lili) selber keiner geworden, wenigstens einen alternativen Bankiersgatten – halt um seinem Leben den letzten angelegentlichen Schliff und Anwert im Sinne so einer symbolischen Schlußrundung zu ge-

ben; übers Ministerielle hinaus ins Bankfach hinein; so wie ja schon dem alt- und blödgewordenen Ministerpräsidenten Franz Josef Strauß es wichtiger als selbst der Gorbatschow war, über seinen Freund Zwick allerlei obskuren Schweizer Bankhäusern (Bär, Piket u. a.) persönlich vorgestellt zu werden ...

No, und mich nahm er, der Strauß – pardon: der Goethe dann im Sinne seiner g'schlamperten Wahlverwandtenchemiemischmixidee bei dem ganzen G'frett halt irgendwie mit dazu.

So, wenn i bitten derft, wor dos domols.

Ulrike

Das Ganze, um das Allerwichtigste gleich zu sagen, um es für alle Ewigkeit ein für allmal vollkommen klarzustellen, war von einer unermeßlichen, war von einer fast allseitigen Peinlichkeit, Unzartheit und Undelikatesse; dieser letzte der drei Sommer in diesem neuesten Schickeria-Kurort Marienbad (Böhmen), diese vier oder sechs Wochen nach der Ankunft Mitte Juli 1823; es war zum Teil und tageweise so, daß eins vor Scham und Ekligkeit in den Boden hätte versinken mögen. Jawohl, das sind heute meine beherrschenden Gefühle und waren es auch damals schon, und in dieser Beziehung muß ich meine bereits früheren Memoiren »Erinnerungen an Goethe« (Prag, ich glaube 1894, da muß ich also schon 90 Jahre und ein bißchen vergeßlich gewesen sein) hier doch noch einmal bereinigen und aktualisieren und leider auch akutisieren: Nein, es führt überhaupt kein Weg daran vorbei, dieses Kapitel Marienbad 1821–23 war von einer schon ausgesuchten Peinvollheit und Ekligkeit.

Nein, nicht so sehr der verfehlte und von meiner Frau Mutter zartfühlendst abgeschmetterte Heiratsantrag als solcher war es, zu dem sich Mama, wie bekannt, »Bedenkzeit« erbat, auf daß sich der ganze Spuk möglichst lautlos in Luft und Nichts auflöse. Nein, noch schlimmer und freilich weniger bekannt ist, daß sich mein Herr Heiratskandidat, der Herr v. Goethe also, zu seinem kuriosen, tollen und ganz inindulgiblen Vorhaben (74jähriger ehelicht 19jährige, nanu?) aus langer Hand vorbereitet den Großherzog selber zum beiständerischen Sekundieren nach Marienbad mitgenommen hatte, welcher Carl August ebendort dann also doch tatsächlich die Stirn hatte, Mama im Falle meiner bzw. ihrer Zustimmung und Einwilligung zur Heirat zu Weimar für eine unbedeutende und ganz und gar nichtsnutzige Hofstellung bzw. deren blanke Vortäuschung ein Rentengehalt von pauschaliter 10000 Taler auszusetzen und zu gewähren, – als nominelles Brautwerbungsgeschenk – 10000 Taler, so da aber doch de facto glatte Erpressung waren!

Nun, Gott sei's gedankt, war Mama ja gleichsam selber auf Braut- bzw. Bräutigamswerbung in Marienbad. Wir wohnten da also bei jenem Grafen von Klebelsberg, welcher meiner Frau Mutter (Amalie) dann nach zweimaligem Anlauf (beidemale: Levetzow, wonach auch ich benannt war) die dritte Ehe bescherte, so daß sie auf diese 10000 Taler Bestechungsknete gar nicht aus sein mußte und wohl auch gar nicht allzu sorglich erwog, ach, es war diese synchrone mamaliche Brautcour noch die erträglichste Ablenkung inmitten dieses von Goethe und Carl August, seinem Dienstherrn, ausgelösten Marienbader Infernos! Dabei war Goethe doch, wie ich heute weiß, sonst sommers immer, wie man damals sagte, »ins Karlsbad gegangen«, den alten böhmischen Nachbarkurort also mit seinen Vergnügungen und seinen weltberühmten Badetratschereien aller gegen alle – und erst ab 1821 und dann (wegen mir) drei Jahre hintereinander ins Marienbad, und – mit welchen dummen Folgen! So dumm, daß ich später gar keine Lust zum anderweitigen Heiraten mehr hatte und endlich 1899 bereits (also gleichfalls ein Jubiläum im Jubiläumsgoethejahr 1999, wenn ich daran erinnern darf) 94jährig gänzlich unverheiratet verstarb. Dabei hatte ich dem berühmten und verwitweten und allseits hofierten Dichter seit 1822 nur etwas »zur Hand gehen sollen« (wie man damals sagte) – konnte ich denn ahnen, daß da einmal eine »Marienbader Elegie« daraus hervorschießen sollte im Rahmen einer »Trilogie der Leidenschaft« (wie es heute heißt)? Wobei jedoch jener 74jährige Herr v. Goethe in seinem Heiratsantragjahr mit nimmermüdem Eifer und mit der bekannten Witwertriebhaftigkeit ja auch noch mindestens hinter dieser polnischen Wunderpianistin Maria Szymanowska her war; über deren Klavierspiel, wie bezeugt wird, er Tränen vergoß; und der ja auch der dritte Teil dieser erwähnten Trilogie zugesinnt ist, das Gedicht »Aussöhnung« mit seinen beiden bekannten Merksätzen »Die Leidenschaft bringt Leiden«, gegen welche dann eben in der letzten Zeile »Das Doppel-Glück der Töne wie der Liebe« wieder aufhilft. Nun denn. Während mir das aber ungleich längere Gedicht »Elegie« als das Hauptstück des Dreierpacks zuvermutet ist mit jenen beiden erschütternden, im nachhinein sogar mich erschütternden Schmerz- und Entsagungszeilen:

> »Mir ist das All, ich bin mir selbst verloren,
> Der ich noch erst den Göttern Liebling war; –«

Aber was hätte ich denn machen sollen, als er, der 74jährige Greis und Olympionike und Jupiter aus Weimar, mir – und eben *nicht* jener tollen Polackin! – immer wieder auflauerte und Naschwerk und Schokolade anbot wie einem Schulkinde?! Nun denn, ich war ja kurz vorher tatsächlich noch in einem Straßburger Pensionat erzogen worden und hatte dort gelernt, auf der Hut zu sein – und noch im Januar des betrefflichen Jahres hatte mich Exc. Goethe von Weimar aus als »der liebende Papa seiner treuen schönen Tochter« brieflich (9. 1. 1823) angesprochen und dabei auch an meine »töchterlichen Gesinnungen« appelliert und »treu anhänglich« gegrüßt (nicht wie im Alter sonst bei ihm üblich »treu angehörig«; das hätte mir als verdächtig auffallen müssen; konnte ich damals aber noch nicht wissen, weil Goethes Sämtl. Briefe noch gar nicht ediert waren und es überhaupt die Goethephilologie noch kaum gab), und es in jenem Sommer auch sonst nur zu den üblichen unschuldigen Vergnügungen wie in den Jahren zuvor zu kommen schien: Spaziergänge, Gesellschaftsspiele, Tanzabende, Bälle – und immer wieder Zuckerwerk für mich, jene älteste der drei Schwestern Levetzow (die anderen waren Amalie wie die Mutter bzw. manchmals auch Amélie; sowie Bertha, meine Stiefschwester) – wer hätte denn auch ahnen können, daß es Goethe um Heirat oder gar, wie er einer Bekannten gegenüber angedeutet haben soll, um »temporäre Verjüngungen« durch eben meine Person gehen sollte? Den keusch züchtigen Calderon hatte uns Goethe noch im ersten Jahr zum Gaudium vorgelesen (lt. seinem Tagebuch vom 12.8.21) und sich bloß still an meinen unschuldigen (ich war 17, da beginnt das Leben, wie es allerdings in dem Film mit Romy Schneider und Hotte Buchholz heißt!) Koketterien erfreut, an denen ich es freilich niemals fehlen ließ; 1822 war Marienbad dann, wie ich aus der Biografie Otto Conradys (2. Band, S. 461) erfahre, eine »Wunschreise im Schwarm für eine Achtzehnjährige« gewesen, was dem offenbar zunehmend »munteren Gast« (S. 459) wohl also vorschwebte; der mir da auch nicht unerfahren in der Verwendung von kosmetischen Mitteln schien, die freilich nicht mehr so ganz en vogue und bei Backfischen *in* und angesagt waren – ha und dann aber erst das Schicksaljahr 1823:

Wie im Morgenglanze er mich da oft ansah, der Herr Dichter im Frühlingsglanz seines Abendrots seiner geliebten Leidenschaft! Nun, er sah wohl auch wirklich eigentlich noch recht brav und ungemein wacker aus und war da auch längst noch nicht »der herrliche Greis«, als welchen 1824 der Ölmaler Georg Friedrich Kersting (Bode III, S. 186) ihn abfeierte. Noch immer kam da auch dreimal wöchentlich der Haarkräusler bei ihm vorbei (Meyer, S. 351), denn mein Verehrer und älterer Herr Apoll war ja noch immerfort eitel und stolz wie nur einer, ach Gottchen! – nun wohl, praktisch täglich setzte es jetzt im Wonnemonat Juli auch kleine Geschenke – wie ich erst viel später erfuhr, machte da der Goethe jetzt auch bereits *vor* jener »Elegie« ein zweites Gedicht an oder auf mich, welches er einem Brief an seinen Freund Zelter vom 24.6. beilegte und das er aber aus Verhüllungsgründen, wie ich aus der Germanistik erfahre, »An Lili« nannte – also, ich weiß nicht recht. Verhüllt, nämlich verschwunden blieb seltsam genug auch der Heiratsantrag an mich bzw. an meine Mutter, so wie eben eigentlich die ganze Sache ziemlich »komische Züge« (Conrady II, S. 462) hatte, weil »von einer leidenschaftlichen Liebe der jungen Frau finden sich keine Spuren«.

Sondern im Gegenteil. Denn außer dem ständigen und nimmermüden Zuckerwerk und sonstigen Näschereien genierte und ärgerte und nervte mich damals eigentlich ganz besonders dieses ständige »hold« in seinen, Goethes, Briefen und Anreden: Schon mein Brief von Ende 1822 ist ihm also in seiner Antwort vom 9. 1. 23 ein »holder Brief«, meine Schwester Bertha ist ihm im Brief vom 9. 1. 23 ein »holder Emporkömmling« (was ein Quatsch) und noch ein gewöhnliches Bierglas ist ihm in einem Briefchen tags darauf ein »holdes Glas« – puh, er muß schon wirklich leicht meschugge oder auch sogar gaga gewesen sein, mit Verlaub zu sagen, denn »hold« erscheint ihm jetzt weit über mich und meine eigentlich mehr aparte, wohl auch sexy Erscheinung hinaus jetzt praktisch schon halt alles um mich herum; so daß selbst Angelika Maass (Lieber Engel, ich bin ganz dein! Frankfurt 1999, S. 290) entnervt zusammenfaßt: »›Hold‹ steht als Signet über Goethes Ulrike-Erlebnis.« Tja.

Auch dieses langweilige Zuckerwerk zu verschenken muß damals eine richtiggehende Manie und echte Zickigkeit von ihm gewesen sein. Mit »Zuckerwerk« in einem Paket bedenkt er allerdings gleichfalls, wie ich längst aus der Goethephilologie weiß, seine kranke Frau Christiane am 22. 12. 1815 – und übrigens vonwegen »hold«: wieschon ich's weitgehendst für mich behielt: Mit den Waffen der Frau vermochte ich damals, spätestens 1823, schon allerhand: Ich konnte verführerisch sein, geil, cool, anhänglich und unheimlich erotisch, ich hatte praktisch schon alle Nummern drauf, und ich weiß also gar nicht, was der

Goethe da immer noch mit seinem Zucker und seinen faden Näschereien wollte.

Übrigens waren außer meinen Schwestern und meiner Mutter auch deren Eltern v. Brösigke (Friedrich Leberecht hieß mein Großvater, glaube ich) mit von der Partie in Marienbad und dann auch dabei bei jenem sogenannten »Tag des öffentlichen Geheimnisses« am 28. Aug. 1823, als nämlich Goethes damalige und noch später von Johann P. Eckermann vielfachst bezeugte Geheimniskrämerei ihren Höhepunkt erreichte: als wir nämlich meiner Erinnerung nach irgendwohin einen Ausflug machten und offiziell *weder* von dem schon halb vergessenen Heiratsantrag die Rede sein durfte *noch* von dem Faktum des Goetheschen Geburtstages – Gott, was eine Kinderei! Nun denn, Mama war erst 34 und aber vermutlich auch damals schon mit dem Grafen Klebelsberg, also meinem späteren Stiefvater, stark verbandelt. Was aber, wenn ich's recht beobachtet habe, den Goethe damals keineswegs davon abhielt, noch während er mich wieder mit Schokoriegel und Kaugummi eindeckte, meine Mutter mit allerlei Galanterien und Courmachereien zu beeifern, und er säumte nicht mit Äugeln und Nicken und Augenzwicken; so wie denn auch noch sein letzter Brief an sie (vom 29.8. – aha! – 1827) weniger mich noch die »sonst so genannte liebe Kleine« (Bertha) mehr im Sinn hat, auch nicht eigentlich das von ihm sogenannte »Marienbader Gestein«, welches er angeblich grad mal »wieder durchsah«; sondern m.E. mit allerlei demigaunerischen Redensarten über die »überbliebenen schönsten Gefühle und bedeutendsten Zeugnisse« (ach du grüne Neune! So ein Dichter-Spätstil ist wirklich was Verheerendes, da kann der Walter Benjamin für ihn in die Bresche springen, was er will) sich selbst garnierte. Und auch, daß diese »Elegie« angeblich »eine der großen Liebesklagen der Weltliteratur« (D. Borchmeyer, Weimarer Klassik, S. 516) ist und überhaupt vonwegen der kathartischen Wirkung der edlen Dichtkunst: Das alles glaube *ich* jedenfalls im Grunde gar nicht; und auch nicht, was z.B. diese Gräfin Christiane von Reinhard am 11.6.1807 ihrer Mutter vorschwärmt, daß also Goethe noch immer topfit sei und »wie er sich immer in unersteiglicher Höhe hält«.

Das stimmt aber zumindest für 1821–23 nicht mehr. Und auch die sechs kleinen Gedichte »Liebschaft« für Ulrike (ich) vom Sommer 1823 sind selbst nach dem Urteil des alten und unverbrüchlichen Goethefans Friedhelm Kemp (Goethe, Leben und Werk in Briefen, S. 720) allenfalls »vorzeigbare Galanterien« im Stil der Lili-Zeit fünfzig Jahre vorher! O je!

Flotter zeigte sich »der treue Apapa« (Brief an Ottilie Goethe vom 4.8.23) und d.h. wohl Opa dann schon beim großen Marienbader Ball am 17.7. (s. sein Tagebuch) kurz nach unserem Eintreffen am 11.7. (langsam habe ich diese für eineinhalb Jahrhunderte Goethe-Philologie richtig magischen Zahlen auch schon intus!) – nun, und von der Malerin Luise Seidler und dem allgemeinen blühenden Badeklatsch und -quatsch her wußte ich damals auch schon, daß Goethe in Bädern immer gern neue junge Frauenbekanntschaften tätigte, so m. W. um 1810 herum mit der veritablen Ministertochter Silvie von Ziegesar (Seidler: »Sie flog an seinen Hals, daß ich glaubte, die beiden Arme könnten ihn erdrosseln«) – und das war dann angeblich auch das Urbild seiner Roman-Ottilie! Und einmal dann sogar (*vor mir!*) mit der leibhaftigen österreichischen Kaiserin Maria Ludovica, auf die der alte Hurenbock dem Ondit zufolge (Karlsbad 1810) frech wie Oskar dann sogar auch noch losging im Rahmen seiner über die Faustschen »Lebechöre« weit hinausgreifenden gesamteuropäischen Lebedamenchöre! Und dann auch noch auf Beethoven. Und dann eben auf Mama bzw. auf mich. Das heißt, Mama und ich hatten eigentlich heimlich gewettet, daß ich aus dem Badurlaub in Marienbad nicht mehr als Jungfrau heimkomme, d.h. also ich hatte dagegen gewettet, Mama dafür, von einem regulären Heiratsantrag konnte ich freilich dabei noch gar nichts wissen. Ich war doch noch ein ziemliches Gänschen und dann auch in der Folge dem großen Pastellbild nach zu schließen eine mehr »zarte« (Goethe noch am 29.8.27) und sogar etwas tütelige Person, und insofern hatte Goethe ganz recht, daß er mich noch kraft einer »Schokoladentafel« (H. Meyer, Goethe, S.302) für sich einnehmen und herumkriegen wollte, fast wie ein ganz gemeiner Kindermörder oder immerhin -schänder. Goethe war damals ja überhaupt nicht mehr zu bremsen und ständig in Hochform – »mein jetziges Leben ist vollkommen wie eine Schlittenfahrt, prächtig und klinglend«: Goethes Befunde über seine Sesenheimer Zeit (19.4.1770) galten im gesteigerten Maße jetzt auch wieder für Marienbad und seine Redouten und Bälle und oft sogar herrlich preußisch schmissigen Festaufmärsche olé! – na, und da ließ er sich dann eben hinreißen, und es kam zu jenem ominösen und richtiggehend fahlen Heiratsantrag des fast 74jährigen an mich gerade mal 19jährige als dem Höhepunkt dieser auch sonst rundum »unschicklichen Beziehung« (B. Clinton).

Die Folgen, nun, sind bekannt: Goethes Sohn August und seine (unschöne!) Frau Ottilie im fernen Weimar drohten und drehten fast durch vor Haß und Sorge, all diese »Augendiener und Speichellecker«, die »Riemer, Eckermann und Konsorten« (so der Jurist und Übersetzer Johann Diederich Gries 1826; Bode III, S.223), sie zerrissen sich wochenlang die Mäuler, es kam seitens Goethe irgendwie zu einem »etwas tumultuarischen Abschied« (Tagebuch) aus Marienbad und dann Eger – und noch am 28.11.1827 mokiert sich freudig eine gewisse mir unbekannte Charlotte Schiller im Brief an ihren Sohn Ernst, es habe wegen mir und meinem Liebhaber »in Goethes Haus viel Verstimmung« gegeben, »die Familie hat seine Heiratsgedanken auf eine undelikate, harte Art aufgenommen«. Und Frau v. Schiller setzt voll Hochvergnügen nach: »Daß ein Mann wie Goethe in seinen Jahren noch einmal recht liebt, ist bei soviel Einbildungskraft nicht unmöglich.«

Eben! Eben! Und auch was Willibald v. Humboldt am 19. 11. 1823 bereits brieflich gegenüber seiner Frau Hillary äußert:

»Die Elegie behandelt nichts als die alltäglichen und tausendmal besungenen Gefühle der Nähe der Geliebten und des Schmerzes des Scheidens, aber in einer so auf Goethe passenden Eigentümlichkeit, in einer so hohen, so zarten, so wahrhaft ätherischen und wieder so leidenschaftlich rührenden Weise, daß man schwer dafür Worte findet. Die selige Nähe der Geliebten ist in ihrer ganzen faltenlosen Einfachheit des Glücks geschildert, mit dem Frieden Gottes, mit dem Gefühl frommer Seelen verglichen« (Kemp, S. 728).

Genau. Schöner kann man es nicht mehr sagen. Nicht mal Goethe. Und ich fasse deshalb hier nochmals stracks zusammen: Erstens war ich also keineswegs eifersüchtig auf meine werweiß etwas schönere Schwester Amélie (das ist die auf dem Gemälde vom Jahre 1822 erste von rechts, die da, während ich ganz so tue, als ob ich Gitarre spielen könnte, mit großem Ernst ein Hündchen im Arme hält). Zweitens wiederhole ich, was ich schon rund ein halbes Jahrhundert nach dem Marienbader Vorgang niedergeschrieben habe: »Goethe nannte mich nicht allein sein Töchterchen, sein Kind, er betrachtete mich auch so [...] Es war keine Liebschaft, sondern Goethe fand Gefallen an mir und suchte mich zu belehren, und ich hatte für ihn eine tiefe Verehrung« (cit. nach: Kemp, S. 723 ff.). Drittens finde ich, wie Frau Ch. Schiller, gleichfalls, daß sich auch ein 74jähriger nochmals vollrohr verlieben darf – wie jedermann so auch der große Dichter Goethe. Das walte Gott, der Dicke. Denn viertens und vice versa: »In jedem von uns steckt e Goethe« (Friedrich Stoltze, Centenarfeiergedicht 1849). Fünftens: in mir allerdings nicht. Und das verzeihe ich ihm eben doch *nicht*! Denn sosehr er mich damals den ganzen lb. Tag lang beschmeichelte und bestürmte und von allen Seiten her bestürzte und immer wieder zum

Äugeln anhob und mich mit schwersten Seufzern stupendest eindeckte, so daß ich oft schon recht in Sorge geriet um seine an meinem Schenkel stark pochende strotzende Männlichkeit (vgl. dazu den sog. Inneren Monolog in Th. Manns strotzdummem Lotte-Roman, Seite wasweißdennich) und der Schändliche nicht und nicht nachgab mit seinen holden und aberholden Bedrängungen im Rahmen dieses ganzen furchtbaren Marienbader Sommers mit seinen Fatalitäten und Impertinenzen und goethisch gesprochen inkalkulabelsten Inkommensurabilitäten und überhaupt miserbaligen pardon: miserabligen Aufsprungsversuchen, und er, der alte »Futbettler« (Dr. Georg Wojak), Tag und Nacht also seine fortgesetzten Begattungsmausereibemühungen und – – – ach was, das ist doch alles gar nicht wahr; sondern weil Goethe »herzenskrank und herzkrank nach der Trennung von Ulrike war« (Nager, S. 36) und laut Hausarzt Hofrat Dr. Vogel letztlich auch den Tod durch Herzinfarkt fand, deshalb mußte *ich* eben zur Strafe und Sühne ledig bleiben; jawohl, genau darum.

Und ich kann aber auch meine Vorgängerin Silvie v. Ziegesar gut verstehen, daß sie nach der Karlsbader Affaire von 1808 schon 1814 von Goethe zu einem Ehemann Friedr. August Koethe (Archidiakonus, Jena) überwechselte u. sich bereit fand.

Was aber, nochmals, die Betreffnis dieser Trilogie und vor allem eben der »Elegie« ist, so wiederholt diese Poetisierung alles in allem lediglich die altbewährte und probate Methode der Poesie als »Heilmittel« (Conrady II, S. 464) »in Dichtung zu verarbeiten, zu objektivieren, was ihn bedrängte«. Und mich persönlich ärgert und enttäuscht daran schon ganz besonders, wie billig-spekulativ da Goethe z. T. vorgeht, indem er schon mit den geläufigen Mottozeilen

»Und wenn der Mensch in seiner Qual verstummt,
Gab mir ein Gott zu sagen, was ich leide«

eventuellen Kritikern und sonst. Einwändlern per purer rhetorischer Großspurigkeit den Wind aus den Segeln nimmt. Und noch mehr irritiert und verletzt und vergrault mich, daß er dieses weltweit berühmte Stanzen- und Bekenntnisgedicht angeblicher existentieller Erschütterung noch während der Postkutschenfahrt auf seiner Rückreise aus den böhmischen Bädern sofort mit Bleistift niederschrieb, aalglatt wie nur ein Automate zu Papier niedersäbelte, ganz bräsig in Schönschrift und beinahe kalligraphisch und als »Elegie von Marienbad« derart flott »objektivierte« (s. o.). Was ein Mann, was ein Dichter, was ein toller Olympier. Was eine »Öde in G. Gemüth«, nicht erst nach dem Ulrike-Erlebnis, wie der Kanzler v. Müller am 21. 9. 1923 m. E. sogar noch beschönigend meint – nein, vermutlich schon von Geburt und früher Jugend! »Dies spießerisch Geklärte dieses Goethe«, wie der Goethefeind Jakob Haringer 1929 (Leichenhaus der Literatur oder: Über Goethe) in der Spätnachfolge der Ludwig Börne etc. schimpfte – »diese größenwahnsinnigen Läuse« an öffentlicher Präsentation all ihrer prätentiösen und dabei doch so lausigen »Seelen-Parfüms« (ebd.)! Und dies immerhin bei einem, der in seiner Leipziger Zeit noch an seinen Freund voll echter Power als Hammer geschrieben hatte: »Behrisch, verflucht sei die Liebe!«

(10. 11. 1767). Offenbar ist von diesem Fluch nur ein ölglattes »Sei gefühllos!« aus der dritten Ode an diesen Behrisch verblieben. Und von daher ist auch Goethens selbstironischer Befund über den Marienbader Sommer 1823 (zu Kanzler Müller 2. 10. 23) nicht einmal verkehrt: »Iffland könnte ein charmantes Stück daraus fertigen, ein alter Oncle, der seine junge Nichte allzu heftig liebt.«

Und dann später ganz eiskalt zum Eckermann: »Das Böhmen ist ein eigenes Land. Ich bin dort immer gerne gewesen« (6. 4. 1829).

Weißgott, Wilhelm Waiblinger hatte ja deshalb schon am 12. 4. 1821 völlig u. gänzlich recht: »Man sollte Goethe aus der Welt schaffen!«

Ich selber blieb dann in der Folge, wie gesagt, komplett unverehelicht, volle 76 Jahre noch unverehelicht am Leben. So manches Mal trat ich der inzwischen stark einsetzenden Goethe- und also auch Ulrike-Philologie mit allerdings inzwischen bitter nötigen Richtig- und Klarstellungen scharf entgegen, mittels meiner Marienbader Erinnerungen, um derart »all das Fabelhafte, was darüber gedruckt, zu widerlegen«. Im übrigen hatte ich freilich Wichtigeres zu tun und anzuschaffen, wozu ich nun wirklich keinen Ehemann brauchen konnte: Als manchmal spottvoll sogenannte »Äbtissin«, nämlich als Stiftsfräulein vom Heiligen Grabe, kümmerte ich mich zum Lebensausklang hin um sämtliche anfallende Familienangelegenheiten, um Wetterfragen, um das Einmachen, um meine Hunde, um das Schweineschlachten und vor allem um den Erhalt der Familiengüter (s. Seele, S. 133). Einmal mußte ich dem schon allzu zudringlichen Germanisten August Sauer sogar einen dieser Hunde auf den Hals hetzen, als er gar zu und fast schon goethehaft dringlich zu mir in meine stille Einsamkeit auf das stiefväterliche Gut bei Teplitz (Böhmen) vordringen wollte, mich zu eben Goethe und weißgottwas auszuforschen und penetrant scharf auszulauschen. Diese Zeiten waren indes längst schon für mich abgetan und gar kein Thema mehr. Schnee von gestern, was soll's groß. Und alles lang gesagt und soweit zu Papier gebracht. Und ich war froh, daß ich endlich meinen tiefen Frieden hatte, daß mir endlich der beschieden war. Arschfotzblödelgrunzbrunzdreckrumpelbumpelschrumpel. Ich habe dem Herrn Germanisten Sauer (Probleme und Gestalten, 1933, S. 32) dann aber doch noch einmal zusammenfassend gesagt: »Keine Liebschaft war es nicht« – und bin dafür schlecht belohnt worten: Denn nun hat man aus der bei uns gängigen doppelten Verneinung einen unfreiwilligen lapsus linguäe, einen neuerdings sog. Freudschen Versprecher und mithin – eine unbewußte sogar besonders starke Bejahung draus herausgelesen!

Ich kann dazu nur sagen: Wer das meint, der spinnt.

Nein, ich will hier nicht über Gebühr »Goethe am Zeug flikken« (Meyer, Goethe, S. 231) – aber Waiblinger hat wirklich recht. Man sollte ihn, spätestens nach dem, möglichst noch im Jubiläumsjahr 1999 endlich vergessen. Sich seiner enthalten, so wie ich mich schon 1899, vor hundert Jahren, bei den damaligen Festivitäten entschieden geweigert habe mitzutun; indem ich diesen »Schwärmern« vor allem von den modernen »Zeitungen« die kalte Schulter gezeigt habe. Und im gleichen Jahr dann auch schon bzw. noch starb. Nein, jetzt, spätestens mit dem Antritt des 3. Jahrtausends sollte mit diesem Goethegetue endlich mal Schluß sein. Und damit auch mit dieser ekligen Neugier auf seine letzten Endes doch recht widerwärtigen Weibergeschichten.

Obwohl – eins muß ich zugeben, eins hat mir ja doch sehr an dem Goethe gefallen – man wird es mir kaum glauben. Aber eins hat mich damals unheimlich angemacht, richtiggehend ordentlich erotisiert, ja total elektrisiert: »Er brummte wirklich zuweilen wie ein angeschossener Bär« (S. Boisserée schon am 10. 5. 1811 an J. B. Bertram; s. Biedermann, Gespräche, S. 269). Und deshalb hätte ich doch tatsächlich beinahe – seinen blöden Heiratsantrag vollrohr und volle Pulle angenommen und ihn aufgenommen. Nur andererseits saß er, der alte Herr, damals in Karls- oder jedenfalls in Marienbad halt schon einfach all zu »oft vor dem Fernseher« (Heino Jaeger, a. a. O.) und schaute da schon gar zu behaglich zu, schon am Nachmittag (RTL), und war nicht mehr hochzukriegen – nun, Goethe war ja damals auch schon 98, glaub ich.

Recht gut gleichwohl gefällt mir das neue heutige u. DDR-gestiftete Goethe-Ulrike-Steindenkmal im Park von Marienbad.

OTTILIE
Schwiegertochter

Einerseits befriedigt es mich sehr und erfüllt mich mit durchaus bewegter Genugtuung, daß der Herr Herausgeber dieser vertraulich teilnehmenden Broschüre so weislich wie billig sich dazu verstand und durchzuringen vermochte, mir, der Schwiegertochter, als der, abseits von der Frau Mutter, einzigen Nicht-Geliebten meines hochverehrten väterlichen Angehörigen als einer ihm besonders traut und vertraut nahestehenden Monade und gewogenen Entelechie innerhalb des großen Goetheschen Lebenszusammenhangs ein eigenes Kapitel einzuräumen, beteuerndes Zeugnis zu geben von dem geneigten Wohlwollen und den gehörig schönsten Gefühlen ihm gegenüber, dem so sehr doch und dennoch über uns Erhabenen; ja daß er, der Hrsg., sich in der Folge sogar höchst löblich beeiferte, mich endlich davon zu überzeugen, daß und wie ich, dem Dünenschutt der Zeit in diesem vaudevilleartig hinschludernden Leben gehörig und besonders geziemend in nachsichtiger Trachtung entgegenzutreten, es, dies späte Kapitel, am tunlichsten und zugleich unverbrüchlichsten dann wohl gleich selber schriebe, der so über lange Jahre hin treu angehörigen Person des verehrlichen Herrn Schwiegervaters derart am trefflichsten entgegenzukommen und zugleich durchaus feindlichen Schriftstumsbestrebungen zeitig entgegenzuwirken, dergestalt auch in vollkommen wirksamer Tätigkeit die Kenntnisse treulich zu mehren sowohl als Einsichten hinsichtlich der Person des so früh dahingegangenen Abgeschiedenen in Theilnahme und stetiger Neigung inmitten seines ja noch immer bewegten und bedrängten Lebens, ehe dann vielleicht recht balde auch mir der Athem stockt und gar versiegt vor der dann endgültig hereinbrechenden Nacht, sobald die gepanzerten Parzen – –

Nun, dieser sibyllinische sog. Spätstil Goethes in Brief und poetischer Prosa liegt mir auf Dauer wohl doch nicht und ist vielleicht auch nicht mein Bier: Ich möchte nur nochmals kurzum sagen, daß es mich schon sehr befriedigt und es mir denn auch überaus gefällt, daß ich, obschon keine jedenfalls direkte Geliebte Goethes, gleichwohl ein Kapitelchen in diesem Büchlein abgekriegt habe – ganz im Gegensatz zu diesem m.E. ja z.T. auch wirklich weit überschätzten

– Käthchen Schönkopf (ein Grasaff)
– Katharina von Klettenberg (eine Klette!)
– Karoline Jagemann (eine Männerjägerin, nomen est omen!)
– Christiane Neumann (angebl. Euphrosyne)
– Minchen Herzlieb (eine wahre Teufelin!)
– Silvie von Ziegesar (eine arische Ziege, hu!)
– Rahel Varnhagen (Goethe kannte sie schließlich auch gar nicht, huhu!)

und auch die Kaiserin Maria Ludovica Beatrice (s. Johannes Urzidil, Goethe in Böhmen, 1932) ist hier zu Recht nicht weiter berücksichtigt, so sehr und inständig meinem Schwiegervater (er haßte jeden Adel!) sie auch auf den Pelz zu rücken sich mühte und mühte, damals in Karlsbad 1812 –

– und zu Recht kein Kapitel bekam hier auch die ach so allzu früh verstorbene angebl. Schwester Cornelia, diese Schlampe, haha! Jawohl, einmal mußte es doch raus! Dieser ganz zu Recht früh (mit 27!) verstorbenen Schlampe und Schleicherin, deren schwesterliche Aura einen erotisch phantasievollen und ohnehin grilligen Menschen wie Goethe als jungen Mann um ein Haar davon abgehalten hätte, mit uns, dem »anderen Geschlecht« (Simone de Beaurivage), in ordentliches Einvernehmen zu treten. Enthüllt sei hiermit ihre nur allzu schwesterliche

Prätention und unmäßige Anmaßung. Enthüllt und zugleich auch schon verflucht.

Gänzlich im Gegensatz zu ihr sind sich alle vertraulichen und vertrauenswürdigen Zeugen darin einig, daß *ich* es jedenfalls war, an welche an jenem unvergeßlichen 22. März 1832 mittags gegen halber zwölf mein Schwiegervater Goethe (sein Sohn war längst in Rom gestorben) seine allerletzten Worte richtete, ehe er sodann den letzten Atemzug tat, und nicht etwa der Kanzler Müller oder Riemer oder Eckermann oder gar der dumme Diener Stadelmann vonwegen »Mehr Licht« und ähnliche Legendenbildung und dummes Geschwätz. Ich weiß es besser und mit mir die hiesige Malerin Luise Seidler, die da im Brief an einen gewissen und mir persönlich nicht mehr erinnerlichen Quant (offenbar jedoch nicht verwandt mit den steinreichen Quandts aus Bad Homburg, von denen man wahre Zaubermärchen hört) schon am andren Tag berichtet:

»Gestern halb 12 endete Goethe so schön, wie sein ganzes Leben war [...] Um 7 Uhr, am Todesmorgen, ließ er sich noch von ihr (Ottilie) eine Mappe bringen und wollte Farbphänomene mit ihr versuchen, erklärte ihr auch noch mancherlei darüber, sprach vom baldigen Frühling und wie er sich dadurch bald weiter zu erholen hoffe. Indessen, trotz diesem glaubte der Arzt, das Sterben habe mit 7 Uhr angefangen [...] Um 10 Uhr hörte er beinah ganz zu sprechen auf. Einzelnes abgerechnet, zum Beispiel: ›Setze dich zu mir, liebe Tochter, ganz nahe‹, später: ›Gib mir dein liebes Pfötchen!‹ Die Augen waren meistens nur halb auf; er öffnete sie nur noch, die mit unaussprechlicher Liebe anzublicken, die, in seinem Geist sich bemühend zu handeln, fest blieb und keine Träne vergoß, ihm die Kissen unterstützte, seine Hand hielt, bis der letzte Atemzug sich verlor [...] Der Kopf blieb ruhig dabei in seiner Lage, die Hände desgleichen. So blieb die Tochter noch lange sitzen, unbeweglich, als schon viele Menschen hereingestürzt, den jammervollen Anblick zu teilen.

Sie drückte dann die schönen Augen für immer zu, ließ die Kinder rufen, ihn noch zu sehen, und ging dann hinauf, wo ihr erst nach einigen Stunden die Natur eine lindernde Träne vergönnte.«

Da liest man's. Genau so war das damals, und auch die Charakterisierung »in seinem Geist sich bemühend« ist ganz richtig – und akkurat in nämlichem Sinne und mit praktisch dem gleichen Wortlaut lassen sich (s. Kemps Briefauswahl, S. 798) der Hausarzt Hofrat Dr. Vogel und unsere Pauline Hase vernehmen: Nach Tagen »fürchterlichster Angst und Unruhe« sei Goethe »in Ottiliens Armen gestorben«, und in seiner letzten Stunde aber habe er zu ihr gesagt:

»Nun, Frauenzimmerchen, gib mir dein gutes Pfötchen!« Und, schließlich Hase: »Und (Ottilie) hat sie auch immer festgehalten, bis sie endlich die Leiche hat loslassen müssen.«

Liebes oder gutes Pfötchen – gleichviel, die Ergänzung mit dem »Frauenzimmerchen« stimmt, ich erinnere mich ganz genau, so hat er, der Schwiegervater, mich schon gleich nach der Heirat (er selbst war grad ein Jahr vorher Witwer geworden) am 17.6.1817 am liebsten angesprochen, und nach Augusts, seines leiblichen Sohns, Tod am 26.10.1830 zu Rom abwechselnd immer »liebe Tochter« oder eben »Frauenzimmerchen« und einmal – ich glaube Hl. Abend 1831 – sogar »liebes Tochterzimmerchen«, das hat mir auch sehr gut gefallen und wohlgetan, leider beließ es mein Herr Schwiegervater bei dem einen Mal.

Aber jedenfalls haben diese Berichte von Seidler und Hase und Vogel natürlich keinen Vergleich zu scheuen mit Egon Eberts sehr dummem Gedicht »Goethes Tod« sowohl als Riemers und Kanzler Müllers recht törichten Grabreden und Nachrufen – und schon gar nicht bringt es das anmaßende Tagebuchgezeter vorerwähnter Rahel Varnhagen, diese Nachklänge auf Goethe vom Sommer 1832: »Rosenduft, Nachtigallenton, Lerchenwirbel – Goethe hörts nicht mehr. Ein großer Zeuge fehlt.«

(Goethe, Leben und Welt in Briefen, München 1978, S. 799), ha, ei freilich, vor allem diese weiblichen Schakale und Aasfresser und Abstaubernaturen waren jetzo geschwind zur Stelle; daß ich, die dazu befugte Schwiegertochter, ihm in seinen letzten düstern Stunden beigestanden, so daß Goethe noch kurz vorher »behaglich seine Flasche Wein ausschlürft« (Bode III, S. 334), das war nach meinem Dafürhalten bei den ab 1832 Weimar durchfurchenden und fürchterlich durchkämmenden und richtig spionhaft das Unterste nach zuoberst durchwuselnden geistigen Nachlaßratten und einströmenden Germanisten ebenso bald vergessen wie die Tatsache, daß meine Hand (»Pfötchen«) bis zuletzt die seine hielt. Was Goethe selbst ja als »sehr wohlgetan« (Brief an Schiller 10. 12. 1794) bezeichnete.

Auch sonst war mein »im schönsten Sinne liebender Vater« (Brief aus Marienbad 19. August 1823) nur stets voller Lob für mich. »Im Alter wird man redselig«, vertraute er bereits am 4. 9. 31 brieflich seinem Freund Zelter an, allein schon lange davor redete er nur preisend (gegenüber Eckermann am 5. 4. 1830) über jene neue »von Frau von Goethe geleitete weimarische Zeitschrift« mit Namen »Chaos«, welche sodann seine allerhöchste Anerkennung einheimst:

»Es ist doch hübsch von meiner Tochter, und man muß sie dafür loben und ihr Dank wissen, daß sie das höchst originelle Journal zustande gebracht und die einzelnen Mitglieder unserer Gesellschaft so in Anregung zu erhalten weiß, daß es doch nun bald ein Jahr besteht. Es ist freilich ein dilettantischer Spaß«, schränkt mein Vater daraufhin aus lediglich taktischen Gründen etwas ein, und schwerlich komme etwas »Großes und Dauerhaftes« dabei heraus, »allein«, schwingt er sich nochmals zu höchstem Lob und größter Emphase auf, »es ist doch artig und gewissermaßen ein Spiegel der geistigen Höhe unserer jetzigen Weimarer Gesellschaft. Und dann, was die Hauptsache ist, es gibt unseren jungen Herrn und Damen, die oft gar nicht wissen, was sie mit sich anfangen sollen, etwas zu tun; auch haben sie dadurch einen geistigen Mittelpunkt, der ihnen Gegenstände der Besprechung und Unterhaltung bietet und sie also gegen den ganz nichtigen und hohlen Klatsch schützet. Ich lese jedes Blatt, so wie es frisch aus der Presse kommt, und kann sagen, daß mir im ganzen noch nichts Ungeschicktes vorgekommen ist, vielmehr mitunter sogar einiges recht Hübsche. Was wollen Sie z.B. gegen die Elegie der Frau von Bechtolsheim auf den Tod der Frau Großherzogin-Mutter einwenden?«

An die erinnere ich mich kurioserweise gar nicht mehr, wohl aber daran, daß mir mein Vater schmerzlicherweise den Vorabdruck zum zweiten Teil des »Faust« verweigerte, also richtiggehend strikt untersagte, nachdem ich heimlich nächtens den Helena-Akt photokopiert hatte; so daß ich mich schleunigst um den Vorabdruck des neuen Martin Walser bemühte, den aber, Goethes Herkunft aus Frankfurt glatt vergessend, ein gewisser dort tätiger Verleger und angeblich Goethekenner Siegfr. Unselig bereits einem gewissen Schummetpeter von der dortigen protzreichen F.A.Z. vermacht hatte – obschon doch auch der noch junge Felix Mendelssohn Bartholdy im Briefe an die Eltern vom 21.5.1830 dies »Chaos« als »eine tolle Zeitung, die die Damen unter sich herausgeben« (Kemps Briefkollektion, S.742) beschwor – well, freilich, ohne die angängige Schicklichkeit zu verletzen, aber auch ohne fälschliche Bescheidenheit kann ich hier auftrumpfend sagen, daß jenes »sensibel-schwärmerische Naturell Ottiliens«, welches mir der hochverdiente Goetheforscher Göres (Goethes Leben, a.a.O., S.140) billig attestiert und welches nämlich gleichfalls von der Autorität meines lieben Herrn Vater und »treuen Apapa« (aus Marienbad 4.8.1823) selber vollkommen abgesegnet wird; insofern jener mir auch schon im Brief aus Jena vom 21.6.1818 – mein Mann August sollte da noch zwölf Jahre am Leben sein, wir hatten gewissermaßen ja erst kurz vorher geheiratet und Walter in die Welt gesetzt – dieses vollkommen bestätigt insofern, als er mir ausdrücklich dies künstlerische Zeugnis ausstellt:

»Die Wirkung dieser Gedichte empfindest du ganz richtig, ihre Bestimmung ist, uns von der bedingenden Gegenwart abzulösen und uns für den Augenblick dem Gefühl nach in eine grenzenlose Freiheit zu versetzen. Dies ist zu einer jeden Zeit wohltätig, besonders zu der unseren.«

Weißgott, ja, was eine stickige bürgerlich-feudale Enge und Provinzialität in diesem unserem kleinen Weimar (und jetzt 1999 »Kulturweltstadt«!? Ach, das wird sicher nichts; das ist gewiß nur, um diesen jahrzehntelangen DDR-Insassen ihr Dummentrauma ein klein bißchen euphemisch u. palliativ zu mildern) – eine Enge und Platzangst (agoraphoby) schürende Stikkigkeit, welche auch mit dem am 10.6.1823 aus Winsen an der Luhe bzw. Göttingen eintreffenden und bei Goethe seinen Dienstantritt vornehmenden Joh. Peter Eckermann kaum gebessert wurde, ganz im Gegenteile, und auch die Geburt meiner weiteren Kinder Wolfgang (1820) und Alma (1827–44) brachte keine wesentliche Entlastung, und unsere Ehe war dazu von Anfang an unglücklich, und dieser unselig ungefüge August all die Jahre ja ganz verrückt auf mich (noch mehr aber wie sein Vater

und seine Mutter auf den Wein) und himmelte mich an, aber dafür konnte ich mir auch nichts kaufen, nein, das eben war mir eigentlich am allerlästigsten –

– well, ich, Ottilie v. Goethe, geborene v. Pogwisch, lebhaft von 1796–1872 – treu angehörig verstarb ich schließlich in der Dachwohnung des längst berühmten Goethehauses. Nein, nach den einsetzenden Siebzigerkrieg-Feierlichkeiten der Nation und ergo auch zugunsten Goethes als neuem Nationalkasper konnte und wollte ich es einfach nicht mehr ertragen – nein, die Gründung und die Satzung der Goethe-Gesellschaft 1885 wollte ich partout nicht auch noch abwarten. Diese jüngeren Herrn Germanisten rund um all diese Wichtigkeitszauseln Herman Grimm, Kuno Fischer, Gustav von Loeper, Gustav Seibt und Hermann von Helmholtz kannten mich doch auch zum Teil schon gar nicht mehr und verwechselten mich häufig bereits mit jener Roman-Ottilie, die aber, wie ich inzwischen nachgelesen, sich angeblich mehr jener Silvie von Ziegenhart bzw. auch der Minna von Herzinfarkt verdankt – alors, na, ich bin da nevertheless gar nicht so sicher, weil in der Gestalt dieser Ottilie in den »Wahlverwandtschaften« (1809) stellt Goethe, wie ich höre, jedenfalls das »Schickliche« der »guten Sitten« dar; so wie denn auch der Architekt einmal zu jener Ottilie schmeichelnd sagt: »Das Schickliche ist mit Ihnen geboren« –

– und das eben kann man von jenen mannstollen Herztod und Sylphide von Ziegenkäs schon wirklich überhaupt nicht sagen!

Ich meinerseits, ungeachtet meiner Ehe mit dem »Dämmerfürsten« (August), ungeachtet meiner Vorliebe für ein gewisses »Chaos« (wir erinnern uns): Ich sehe mich hingegen schon dank meiner Herkunft prädestiniert fürs Schickliche schlechthin. Geboren als Tochter Ottilie Wilhelmine Ernestine des preußischen Majors Wilhelm Julius (glaube ich mich zu erinnern) von Pogwisch in Danzig, später mit meiner Mutter, der Hofdame der Herzogin Louise, wohnhaft in Weimar und dort auch bald rechtens zur »Frau Kammerrätin« erhöht, spiegelt sich in mir, dem »zarten Pflänzchen« (Goethe, cit. nach A. Maass, S. 275), das Prinzip der Schicklichkeit, ja Sittlichkeit, des damals vom Königsberger (mein Nachbar!) Philosophen Emmerich Kant sog. moralischen Gesetzes in uns als unabdingbarer kategorialer Imperativ! So daß Goethe, als er einst zu Eckermann sagte: »Ich bin ein Freund der Pflanze« (Datum find ich momentan nicht in meinem überschwappenden Schrifttumsgewusel), anderslautenden Prätensionen und diesbezügl. Ansprüchen zuwider, eigentlich nur – mich gemeint haben konnte!

Obwohl er mich schon auch (s. Maass, S. 275) als »die Leichtmütige« und »dieses liebe wunderliche Wesen« bezeichnet haben soll und einmal sogar, so will es einer dieser durchreisenden Engländer, für die ich zugegeben eine Schwäche habe oder eben hatte, ein gewisser Henry C. Robinson, bei seinem Weimartrip gehört haben: »Goethe nennt sie einen verrückten Engel, und ich kann schon die Richtigkeit dieses Worts verstehen« (s. bei Bode, 3. Band). Er – oder ein anderer Englishman, ich erinnere mich so genau nicht – nennt mich im nämlichen Sinne »sprightly, intelligent, and graceful«; und Mrs. Angelika Maass, welche dies dankenswerter Weise (a. a. O.) aufbewahrt, bezeichnet mich im congruenten Sinne einen »sehr beweglichen Charakter und eigentlich fürs Großstädtische geschaffen«, well, darum startete ich auch immer von Weimar aus gar zu gern nach Berlin, wo ich dann jeweils eine Zeitlang »weste« (Goethe am 9. 1. 24 an Zelter, der dort auch weste, aber wohl doch already mehr verweste, of course!). Nicht quite so d'accord bin ich mit der Charakteristik des Biografen Friedenthal (Goethe, S. 618), welcher mich als ein »changierendes Geschöpf« zu umreißen sich untersteht, mit einem »Vaterkomplex« (der entschwundene preußische Vater-Held), das es eben deshalb auch so zum Goethe zieht. Das stimmt allerdings insofern, als mein Ersatz-Vater, Goethe, ja wohl gleichfalls, no doubt, *mich* im Sinne und vor

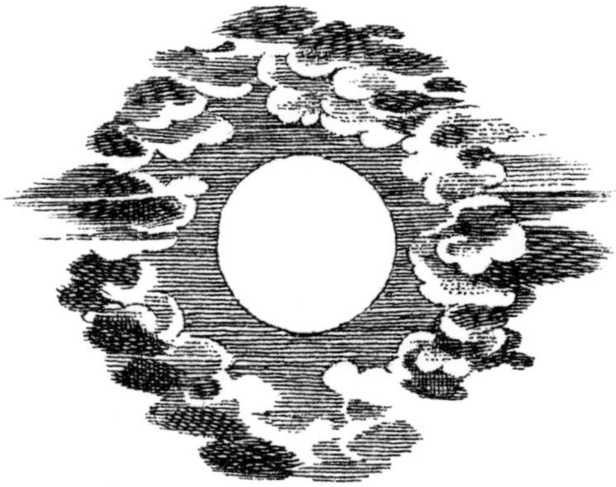

Augen gehabt haben muß, sowie er, im Context mit dem Zweiten Faust-Teil, im so sehr berühmten Brief an Wilhelm v. Humboldt (ein Schnarchsack, ein ganzganz philiströser, bis zum heutigen Tag in diesen Schülerdressuranstalten wirksam, welche aber mein Schwiegervater, gegenüber Mr. Eckermann, so haßte!) von »diesen sehr ernsten Scherzen« phantasierte.

Admittedly, nicht mehr spaßig fand ich, darin ausnahmsweise mit August eins, freilich dann den peinvollen, ja eigentlich unverzeihlichen Verlobungs- und Verheiratungsversuch Goethes im deshalb fluchvollen Sommer 1823 in goddammit Marienbad mit jenem Pflänzchen Ulrike, offenbar einer Professionellen von Heiratsschwindlerin oder immerhin einem damals sog. Star- und Prominentengroupie. Und Goethe, mein Vater, war damals längst Super-, nein Megastar! Im übrigen halte ich dafür – und hier bitte ich mein Publikum um geschärfte Aufmerksamkeit! –, daß es sich bei Goethes angebl. später Leidenschaft für diese Levetzowsche Ulrike in Wahrheit um die entsagend retrospektive Projektion auf keine andere als – meine Schwester Ulrike v. Pogwisch gehandelt haben muß, indeed um jenes liebe »Schwesterchen« also, welches Goethe im Brief an mich vom 21.6.1818 extra grüßen läßt; desgleichen aber auch noch in jenem unheilsumwitterten Brief vom 4.8.1823 aus Marienbad especially bittet: »Grüße Ulriken, deren Name« usw. – – nein, nicht um mit dem Gruß an ebendiese zweite Ulrike die späteren Goetheforscher nun vollends zu verwirren und zum completten Wahnsinne zu treiben, sondern: indem er diesen zweiten Brief an mich mit »der treue Apapa« unterfertigt, er a) seinen löblichen Verzicht auf die Levetzowsche in symbolischer Entsagung expressis verbs kundtut, b) aber durch die Includenz der zweiten Ulrike und mithin des Principiums des Schwesterlichen nur abermals auf seine alten schwestergattlichen Wunschträume im Sinne der bekannten Wahlverwandtschaftszentralthematik anspielt. Und kühn auf sie abhebt. Indeed. Very bold and clever ebnete er mit jener zweiten Ulrike als »Mittlerin« (!) also gewissermaßen den Weg zu mir zurück – im Sinne eines überaus ahnungsvollen Panerotischen irgendwie jeder gegen everybody – so wie er, Goethe, denn auch ganz entsprechend den Mr. Mittler in den »Wahlverwandtschaften« prospektiv pansexuell aufseufzen heißt: »Wir spielen mit Ahnungen« – von Ulrike II, Ulrike I und Ottilie zugleich ... at the same time ...

Im übrigen zählte jene zweite Ulrike (v. L.) – von wo kam eigentlich dieser von-Titel bei diesen im Grunde armen Leutchen her? – auch wohl nur zu der »so zahlreichen Schar mehr oder weniger bedeutender Mädchen und Frauen« (Dr. Louis Lewes, Goethes Frauengestalten, Stuttgart 1902), fraglos zu den ganz gewiß weniger bedeutenden und sogar nichtsnutzigen – während nämlicher Gelehrter Dr. Lewes in seinem Verlängerungs- und Fortsetzungsband »Goethes Leben und Werke« (Stuttgart 1903, hui, der legte aber ein Tempo vor!) umgekehrt *mich* entschieden ganz zu Recht und legitim als »eine der glänzendsten und muntersten Damen Weimars« benennt und mit sicherer Hand und zugleich Federführung umreißt, als »stets ein großer Liebling ihres Schwiegervaters«.

Jawohl. That's correct.

Ich habe mich dann auch bald wieder mit ihm ausgesöhnt (siehe den 3. Teil der Marienbader-Triologie, welcher Titel sich offenbar darauf bezieht), nachdem er schon sehr geschwind selber das »Ende meiner Komödie« mit dieser sonderlichen, von den Levetzowschen als Brautwerbung getarnten Einverleibung veranlaßt hatte – those vier Levetzowschen Weiber wollten, wie ich heute längst aus recht sicherer Quelle weiß, den alten Herrn einfach unter ihre gemeinsame Haube bringen – das Los aber hatte jene Ulrike getroffen, ihn zu ködern. Ich aber habe es von Beginn an durchschaut.

Die Ahnungen spielen mit uns, zuweilen aber muß man mit festem Griff ihren verführerischen Schleier durchreißen!

In no case, diese Ulrike spielte in der »so zahlreichen Schar bedeutender Mädchen und Frauen« eigentlich nicht die mindeste Rolle, oh no – wenn allerdings heute noch allerlei Philister und Spießer und z.T. ganz modern sich kostümierende Mucker hergehen und meinem Herrn Schwiegervater diesen dauernden und vermeintlich wahllosen Frauenkonsum zum Vorwurfe und schon fast zur Anklage machen dergestalt, er sei eben der typical zeitbedingt-zeitlose Egomaniker-Chauvi sui generis gewesen, dann kann ich da just nur sagen und kontern: 1. Ha-ha-haben Sie immer noch nichts Besseres auf Lager? Und 2. Was wäre er, Goethe, denn *ohne* diesen seinen so zahlreichen und legendären Verbrauche u. seine Weibergeschichten? Also ohne uns, auch mich, die ich hier doch auch ja 1/11 des Buches stelle, so oder so?!? Was? Ein Nichts! Ein Nemo, Nihil! Ha? Seine Romane? Haha! Diese »Prosarumpelkiste« (Arno Schmidt)! Seine Farbenlehre? Ich sage nur: Newton! Seine zwei »Faust«-Teile? Da lache ich wie seine doofen Walpurgisnachtshexen drin! Harrharrharr!

Was eine Binsenwahrheit: Ohne seine Weiberstorys wäre unser Goethe bei seinen silly Germans, sprich: Deutschen schon längstens vergessen, durch sie allein konnte er »popular werden« (zu Eckermann) – with anderen Worten: »Je höher ein

Mensch, desto mehr steht er unter dem Einfluß der Dämonen, und er muß nur immer aufpassen, daß sein leitender Wille nicht auf Abwege gerate« (zu Eckermann 24.3.1829).

Und genau dafür habe *ich* gesorgt. Da war für den Herrn Apapa weißgott Ottilie vor!

Allerdings, auf meinen Vorschlag, den ganzen unseligen Marienbader Quark in Prosa (jenseits der Elegie) aufzuschreiben und für »Chaos« zu einem Erotic-Thriller zu verarbeiten, auf den ging Goethe bei aller Ästimation meines Journals leider nicht ein. Sondern er hatte sich wohl diesbezüglich schon mit einer gewissen Margerite Duratte geeinigt, die dann viel später den ganzen böhmischen Schamott und Schmarren als Drehbuch für den Film »Letztes Jahr in Marienbad« (1960) von Alain Resnais umfeilte. In dem Film kommt es auf dem Höhepunkt dann auch zu einem famosen Streichholzspiel; dergestalt:

I

III

IIIII

IIIIIII

Also, zwei Player nehmen in diesem intellektuell sehr sportiven Match abwechselnd Hölzchen weg, Zahl nach Belieben (1, 2, 4, 5, oder 7) – aber immer bloß aus *einer* Reihe! Wer das letzte nehmen muß, ist der Dumme. Resnais und Duratte lassen ungeklärt, wer damals in Marienbad immer gewann – nun, ich denke mir da mein Teil, zumal wenn man heute weiß, wie kurz und vollkommen ungenügend die (zudem nur französische! – aha, daher also auch Mad. Durattes Interesse!) Pensionatserziehung jener bewußten »Holden« *vor* ihrer Männerabgraserei dann in den böhmischen Wäldern war. Aber immerhin erfährt man so doch noch, was es mit diesen harmlosen Spaziergängen und Spielen »mit jenem alten Herrn« ab 1821 und damals noch im Haus der Großeltern Brösigke auf sich hatte; der sie da »bei der

Hand nahm und mich freundlich ansah« (so jene Bewußte in ihren späten Erinnerungen, Prag 1919). Gottvollst!

Will sie uns, August und mich, die wir da ab 1821 auf dem pfeifenden Deckel eines Pulverfasses saßen, nämlich mitten in diesem zutiefst provinzlerischen Weimar-Flair mit seinen vertratschten silly self-satisfied surroundings – will sie uns noch im nachhinein für blöd verkaufen?! Nein, mein Mann hatte da gewiß ganz recht, als er damals im Brief vom 14. Sept. 1823 an mich schrieb, er hoffe flehently, daß »sich die ganze Geschichte wie ein Traumbild auflösen werde«.

Das tat sie dann auch in der Tat. August beschönigt allerdings sogar noch dem geliebten Vater zuliebe. Es war – ein dreijähriges Albtraumbild! Sie – die 19jährige als neue Chefin im Haus am Frauenplan – ein seelisches Desaster, ein Inferno indeed!

Es hat dies allerdings nichts damit zu tun, daß ich dann meines Mannes August Tod in Venedig schon wenig später »als Befreiung empfunden« (A. Maass, a.a.O., S. 276) hätte. Habe ich allerdings. Wenn man mir aber zwischen der Eheschließung 1817 und jenem neapolitanischen Tod 1830 bis zum heutigen Tag ununterbrochen 13 Jahre lang lächerlichste und »hysterische« Eskapaden und »beschämendste Seitensprünge« (Meyers Goethebiografie, S. 365) nachunkt und übel nachredet und feststellen zu müssen meint sowie auch dies, das ganze Ottilische Treiben sei »für August sehr belastend« (a.a.O.): So hat man damit zwar auch keineswegs unrecht. Aber erstens war jenes Nest Weimar doch ohnehin nur auf such things and so on aus, auf all these through the bank kümmerlich kargen Kabalen and Klatschereien kleinbourgeoiser Kleinstaatler ohne any fairness und modern sportivity in generell behaviour. Zweitens waren wir, August, ich und der Vater, durch unseren hohen gesellschaftlichen Rang in diesem z.T. niederziehenden und zynisch menschenverachtenden öffentlichen »bellum omnium contra omnes« (Th. Hobbes d. Ä.) yes allerdings einigermaßen sure and out of the dressmaker. Und wenn man damit allerdings böslicherweise auch noch auf jene meine damalige sog. Affaire mit einem gewissen Kunstreiter (Meyer a.a.O.) anspielt, so kann ich, eine derartige Impertinency hiermit most schärfstens zurückweisend, nur ganz offensiv mich dazu bekennen: 1. Ist das meiste ohnehin gelogen. 2. Jawohl, es war jener Ch. J. Sterling ein ungemein schmucker & fashionabler, ja (auf mich!) toller Mann. 3. Ich hatte zu dieser affair kein geringeres Recht als unlängst mein nachmaliges Vorbild, jene mutige und tapfere Lady Diana aus dem kühnen Geschlecht der Spencer! Jene tollkühne Di, welche es sich sogar mit einem ordinären Reitlehrer recht wohl sein ließ, was ich so las.

Und viertens hielt sich August doch damals auch mehrteils, wie man jetzt erst aus J. v. Eichendorffs jugendlichen Tagebüchern (Deutscher Klassiker Verlag, Frankfurt am Main, Band 5, S. 161) erfahren muß, mit jenem Weimarischen Schauspieler Unzelmann (Karl Wolfgang) schadlos, zum Beispiel »tapfer mittrinkend« bei dem »feierlichen Vivat« für den Professor Maass in Halle am 12. 7. 1806, für welchen – auch meine vormalige Schwiegeroma Aja schon ebenso leidenschaftlich geschwärmt hatte; wie ihn, Unzelmann, auch mein Apapa Goethe gegenüber Eckermann (20. 12. 1829) sodann auszeichnete dergestalt, bei dem, Unzelmann also, und seiner Kunst »wurde einem immer wohl«.

Chemisch-alchymische Wahlverwandtschaften, wohin the Auge schweift …

Meine Schwiegeroma, well, habe ich aus Gründen ihres zeitigen Hinscheidens leider nicht mehr kennenlernen dürfen. Frappantest, richtiggehend fascinating jedoch, daß jene meine späte Biografin Angelika Maass aufs Haartüpfelchen exact so heißt wie jener Althallenser Prof. Maass, den zu ehren August und Unzelmann damals so extremely sinnlos herumzechten …

»Später Ottilie«: Feststeht immerhin in diesem Gewoge und

Geschaukel schwankender Symboliken rund um den erhaben schönen Weimarer Greis, daß eben diese zwei Worte wie eine Art Refrain in Goethes späten Tagebucheintragungen aufklangen. Und immer und immer wiederkehrten. Was wunder, daß ich ihm auch bald als eine große Kennerin seiner Werke galt und später, als diese bereits vergessen zu werden drohten, mich wiederholt für ihn und sie einzusetzen vermochte. Jawohl, es stimmt schon durchaus, was ich damals im Brief am 11.12.1830 kurz nach Augusts Tod meiner Freundin Adele Schopenhauer anvertraute: daß fürnehmlich zu der Zeit »etwas Stärkendes, Erhebendes darin war, ihm« – dem Vater Goethe – »etwas zu sein«. Nämlich nicht allein sein »Frauenzimmerchen«, sondern zuweilen sogar (Brief vom 19.8.23 – mitten in der Krise in Böhmen) seine »allerliebste Tochter« wie er mir »dein liebender Vater«.

Und eben darum kann ich hier mit Fug bestätigen, wie wenig das späte Bild des »gemütlosen Goethe« (so der Kaufmann Gerning; Bode III, S. 80) begründet ist; ebensowenig wie Sulpiz Boisserées damaliger fälschlicher Befund, es sei jetzt »Goethe recht steif und kalt« (Bode II, S. 512). Ach nein, eine Frau mußte hierin vielmehr rechtbehalten – ausnahmsweise stellvertretend für mich die Erbprinzessin Karoline, welche da schon am 5.9.1811 gegenüber Lotte Schiller gesteht:

»In der Fülle seiner Natur sehe ich den Widerschein des Reichtums der ewigen Natur« (Bode II, S. 528).

Und dies eben gilt noch für seine tigerhafte Löwenmähne, es gilt ebenso für sein vielberauntes und -beunktes bärenhaftes Brummen – und es gilt noch für jenes zutiefst charakeristische und daimonische

»Ja, ja, schön, hem, hem«

– wie es uns S. Boisserée (a.a.O., S. 512) in weitestgehender klanglicher Konkordanz mit dem Wichtigmacher Böttiger der Nachwelt getreulich überliefert.

Deren Bild von Goethes trübselig langem u. jammervollem

Tod habe ich eingangs, beglaubigt vorzüglich durch die Malerin L. Seidler, hinreichend farbig vorgestellt. Es waren, jawohl, quälend lange und zähe Tage an jenem seinem Kranken- und Sterbebett, in welchem der mehr als 82jährige saß und abwechselnd lag, es waren da wahrlich schmerzhafteste Sekunden und Minuten bedrückt zu überstehen, jetzt, da sein, des großen Mannes, indem er aus dem Dünenberg der Zeit in den Bergsee der Ewigkeit hinüberzugleiten sich anschickte, Stundenglas noch im Verrinnen stillzustehen schien; indessen ich, sein später dunkler Engel, seitdem der fahle Märzmorgen neblig längst heraufgegraut, ihm als eine letztgewährte – *mir und ihm* letztgewährte! – Gunst dabei die schon beinahe eiskalte Hand noch halten durfte; indem sein röchelnd sehr beklemmter Atem selbst mir, der Tochter, fast jenen Mut bald nahm, den ihm, dem Sterbenden, und den zuweilen Umstehenden sowie dem Arzte ich nicht müde ward weiterhin sänftigendlich einzuträufeln, in treulicher Teilnahme mit ihm an- und ausdauernd; ehe mich dann gegen zehn Uhr sein schon mählich im Tod brechendes Auge traf und er ein letztes Mal um meine trostreich ihn erwärmende Hand noch bat, ihn in jenes Schattenreich so hold als möglich zu geleiten, welches er selber lange zuvor, damals auf dem Kickelhahn bei Ilmenau am 7. Sept. 1780, dichterisch beschrieben und sodann noch einmal, ein halbes Jahr vor seinem Dahinscheiden am 26. 8. 1831, tränenüberflossen wiedergelesen hatte, von Wehmut überwältigt:

»Warte nur, balde« –

Ich muß schließen und will auch nicht länger daran denken – ein letztes Wort noch: Wissen Sie, was mir aber die liebste Erinnerung an jene schwere Todesstunde geblieben oder vielleicht auch erst im Laufe der seither verstrichenen Jahre mählich geworden ist? Nun well, das »Frauenzimmerchen« natürlich auch – aber eigentlich mehr noch das zwiefach bezeugte (ich hätte es selber sicher vergessen, mitten im Kummer und Herzeleid): »Pfötchen«. Daß er, der Löwe, in seiner letzten Stunde meine Hand für ein Pfötchen erachtete; daß mithin und mit anderen Worten sein allerletzter Gedanke im Dünenschrott der Zeit hienieden einem – Kätzchen galt; das – hem, schnurr – freut mich doch besonders auch für ihn.

Ich gäb' was drum,
wenn ich nur wüßt'
Gretchen Faust
I.v.G

»Gegen große Vorzüge eines andern gibt es kein Rettungsmittel als die Liebe.« Dieser Satz steht meines in Goethedingen immer noch nicht ganz vollkommenen Wissens zwar bloß im Roman »Die Wahlverwandtschaften« und gilt dort für Eduard und Ottilie; er gilt aber naturgemäß ebenso für Faust in bezug auf mich sowie natürlich auch auf mich in bezug auf den Faust; und er gilt offenbar auch für die Verantwortlichen dieses Goethe-Frauenbuchs, welche mir hiermit die Ehre und das Vergnügen angetan haben, mich als einzige erdichtete Goethesche Frauenfigur – und noch dazu am besonders honorablen Beschluß – in die Riege dieser führenden Frauen aufzunehmen wie der Pater Ecstaticus, der Doctor Marianus und selbstverständlich die Mater Gloriosa mich viel später bzw. früher schon in den Himmel (Faust II, Finis); und dies, auch wenn nach der Meinung einiger anderer Goethe-Ausdeuter »unter allen weiblichen Charakteren in Goethe keine an Intensität Mignon gleichkommt« als einer ganz »unvergeßlichen und musikalisch-poetischen Gestalt« (Heinrich Meyer, Goethe, S. 157) – nun denn, in aller Bescheidenheit und nur der wissenschaftlichen Gerechtigkeit halber darf ich hier schon drauf hinweisen und bestehen, daß zwar auch die nicht üble, etwas androgüne Gestalt der Mignon aus dem ein bißchen allzu gestreckten Roman von »Wilhelm Meister« mit Schubert und L.v. Beethoven und sogar Ambroise Thomas etliche musikalisch-poetische Verehrer und Weiterverwerter abgekriegt hat – aber, um der Gerechtigkeit willen, gar kein Vergleich zu mir, zu mir, an der sich von Schubert über Schumann und Berlioz und Wagner bis sogar Verdi und Boito ja nur die Allerbesten versuchten und die Zähne ausbissen. Und was aber diese erwähnte Ottilie (die Romanfigur, nicht die Schwiegertochter) angeht und ihre großen und die Liebe erzwingenden Vorzüge, da kann ich mit der damals sehr bekannten Kurtisane Pauline Wiesel (s. Meyer, a.a.O., S. 26) nach meiner »Wahlverwandtschaften«-Lektüre nur seufzen: »Ennuyant, keine Liebe, nichts als Tugend!«

Bei mir schon! Bei mir war es hingegen schon die Liebe! Das heißt ich vergesse ja m. W. ziemlich die Tugend, zugunsten der Liebe, nichts als Liebe (zu Faust I), und eben und gerade deshalb wurde ich hier vom Herausgeber auch ganz zu Recht bevorzugt und erwählt.

Die Frau Charlotte Schiller ist ja sogar insgesamtlich der Ansicht: »Seine erdichteten Frauen sind mehr Wahrheit als die wahren« (Brief an ihren Sohn vom 28. 11. 1823); und sie fährt dann etwas boshaft fort: »Von der Frau Geheimrätin (i.e. Christiane, Anm.: Gretchen Faust) an ist er von seinem Zenit herabgestiegen« – also, ich will mich da ins Grundsätzliche nicht gar zu sehr einmischen, die Friederike und die Lili und auch noch manch andere dünken mich schon auch recht wacker und wahr und lebenswahr – und es mag denn sogar auch sein, daß Goethe als Mensch, was man Schillern dann immer wieder als Dramatiker zum Vorwurfe machte, von uns Frauen nicht gar viel verstanden hat. Aber mich hat er schon recht gut gemacht, vielleicht in einer Art Hallusination – hören Sie nur mal:

»Ich gäb' was drum, wenn ich nur wüßt',
Wer heut der Herr gewesen ist!
Er sah gewiß recht wacker aus
Und ist aus einem edlen Haus;
Das konnt' ich ihm an der Stirne lesen –
Er wär' auch sonst nicht so keck gewesen –«

– so sinne ich wie bekannt am Abend meiner ersten Begegnung mit dem Fauste im »kleinen reinlichen Zimmer« vor mich hin, den rechten Zeigefinger, ich erinnere mich ganz genau, nachdenkend an den Lippen (das mache ich immer, das habe ich von meiner dann ja leider totgegangenen Frau Mutter wohl schon als Kind abgeschaut) – und kurz drauf erfaßt vor so viel verschwiegener Erotik (soft sex nennt man das wohl heute) des Kämmerlich-Idyllischen den hereinkommenden Dr. Faust, wie ich wähne ganz zu Recht, ein »Wonnegraus«, während ich bald schon das reiche erste Geschenk entdecke und prompt meinen Merksatz von mir gebe: »Nach Golde drängt, am Golde hängt doch alles« (nicht wie meist unsauber zitiert: Am Golde hängt, zum Golde drängt doch alles – nein, hier sollte gerade die Goethephilologie auf höchstmögliche Reinheit wie in meinem Kämmerlein achten!) – nun, und daß der Faust bei unserer ersten Einanderstreifung gar »so keck gewesen« war, das wiederum hat laut Goethe sein schönes Komplemment in meinem Verhalten auf der Straße, da, wo also der Faust mich als »schönes Fräulein« anspricht und ich meinerseits vor Wonnegraus darüber gleich schon fast vergehen wollte, und wo ich mich jedoch also schnell losreiße und davonrenne mit den seither bekannten Worten:

»Bin weder Fräulein, weder schön,
Kann ungeleitet nach Hause gehn –«

– meint: Fräulein wurden dortmals nur adelige Jungfrauen genannt; noch im Wegrennen aber höre ich heimlich natürlich Fausts erstes und, wie mich mahnt, bereits hinreichend hingerissenes Kompliment mit:

»Beim Himmel, dieses Kind ist schön
So etwas hab ich nie gesehn.
Sie ist so sitt- und tugendreich,
Und etwas schnippisch doch zugleich.

Der Lippe Roth, der Wange Licht,
Die Tage der Welt vergess' ich's nicht!
Wie sie die Augen niederschlägt,
Hat tief sich in mein Herz geprägt;
Wie sie kurz angebunden war,
Das ist nun zum Entzücken gar! –«

– ei freilich, fein beobachtet von Herrn Dr. Faust samt Herrn Dr. Goethe, diese mir damals ja schon längst instinkdiv, ja intuidtiv zu Gebote stehende möglichste Naivität mal gänzlich unwiderstehliche Koketterie, mit der hatte ich schon den verstorbenen Vater und dann auch nach Belieben meinen (ach wie dummen!) Bruder Valentin bezirzt und oft hereingelegt und auch schon manchen vorsichtig (ich war da vordem, anders als im Faust-Fall, noch keine 14 Jahre alt) antanzenden und vorpreschenden Kavalier verwirrt und ganz konfus gemacht, so daß ich Faust recht gut verstehe, wenn er dem Mephistopheles gleich drauf schon den Auftrag gibt:

»Hör', du mußt mir die Dirne schaffen«

– ich kam allerdings nicht des Reimes willen grad vom Pfaffen, sondern (und jetzt verrate ich ein Geheimnis, das hat bisher auch keine Goethe-Philologie und kein Weimarer Deschiffriersindikat rausgekriegt!) – bereits schon von Marthe Schwerdtlein (Elis. Flickenschildt), welche mir nämlich da schon längst gesteckt hatte, daß zwei neue und recht attraktive Herrlein in unserer kleinen Stadt wären, und ich sollte doch also mal gleich versuchen, den einen und blonderen davon wie zufällig en passant zu streifen wo nicht zu kreuzen, was dann ja auch ganz toll und optimal und super gelang – und allein diese unsere Debutbegegnung in all ihrer Wärme und Beschaulichkeit und sogar Drollerie und Pikanterie widerlegt wohl doch den dummen Jean Paul in seiner vorgefaßten Meinung, es gebe »keinen frostigeren

Gesellen auf Gottes Erdboden« als Goethe (und ähnlich unverfroren mißgünstig äußern sich auch andere Übelwollende und Verbitterte wie Heinse, Schiller, Merck, Klopstock, Spann, Spaun, Grabbe, Börne, Menzel usw.) – allein, ich als von ihm, Goethe, erfundenes Gretchen widerlege doch diese vorgefaßte Meinung als ein törichtes Rässentiment; und auch dies, daß alsbald alles sehr schief läuft mit dem Faust und mir und unweigerlich auf die Tragödie zu, auch dies macht Goethen nun keineswegs zum frostigen und fröstelnmachenden Gesellen; noch auch etwa Mephistos wahrlich durch die (meine!) Seele schneidender Kommentar zu meinem tiefen Fall samt Hinrichtung:

»Sie ist die erste nicht!«

Sondern hier spricht ja gar nicht Goethe, sondern es ist satanische Rollenprosa, auch wenn dies die internationale neuere Frauenbewegung heute scheint's noch immer nicht kapiert. Wunderbare Rollenlyrik – jetzt Gretchens – ist aber auch das bald folgende und in der tragischen Konflicktkonsequentz unausweichliche und sehr wunderliche »Lied vom König auf Thule« sowie das noch etwas bekanntere

»Meine Ruh ist hin,
Mein Herz ist schwer«

usf., was sodann nicht nur der Schubert, sondern sogar der Italiäner Giuseppe Verdi in d-moll prima vertont hat: »Perduta ho la pace, ho in cor mille guai« – ha, weißgott, mir ging's damals schon gar nicht gut, es war ein schon recht großes inneres Wehgeschrei, was mich da praktisch in einemfort auf meinem recht hübsch möblierten Mädchenkämmerchen überfiel und überwucherte, als es da langsam »zur Sache, Schätzchen« (so sagt man wohl heute) ging; und auch mein schöner Doktor Fauste drückte es seinerzeit kaum anders aus: »Liebe Puppe, zaudre nicht« oder so ähnlich, wir dachten wohl auch damals schon an den späterhin so fatalen Schlaftrunk für die Frau Mutter, weh! D.h. mir wäre ja, daß ich's hier nur gesteh, eine Flucht eigentlich lieber gewesen, so eine wildromantische Flucht gen Italien (ein Witzwort!) hinunter zum Beispiel und zum Gardasee, ins Land, wo die Pomeranzen und diese goldigen Orangen blüh'n unter der o sole mio (Verdi o.ä.), gesungen primissima von Franco Bonisolli – naja, bald darauf muß ich dann auch schon vor dem Andachtsbild der Mater Dolorosa (Vorverweis auf die Schlußtableauszene von Faust II) verweilen und gleich noch zerknirschter und verzweifelter reden:

»Ach neige,
Du schmerzensreiche
Dein Antlitz gnädig meiner Not«

etcetera, da ließ der Goethe sogar den unreinen und angeblich frankfurtbedingten unreinen Reim »neige« / »schmerzensreiche« schon mal durchgehen, weil ihm halt in seiner Not kein gnädiger anderer einfiel bzw. nein, umgekehrt: ein glatter und reiner Reim wie etwa

Ach neige,
Du sonst doch nicht feige
Himmelskönigkeit

oder ähnlich wäre doch einfach für meine Dimension an tragischer Verstrickung hier sogar zu glatt und auch zu blöd gewesen. Nun, und dann natürlich schon bald darauf mein Hinschied, meine leibliche Auslöschung, meine wenn auch ja nur vorläufige seelische Zerstückelung u. Zerstörung mit dem tollen und grausen Wahnsinnsliedchen im Kerker: »Meine Mutter hab ich umgebracht, mein Kind hab ich ertränkt« – und schließlich in immer forcierterer Klimax an Dramatik und Hocherregung: Rien ne va vraiment plus bzw. wie es mein Herr Dichter Goethe schönstens ausdrückt:

»Heinrich« – das ist Faust – »mir graut's vor dir!«

Ich werde dann aber doch, wie schon im alten Faustschen Puppenspiel, gerettet, jedenfalls in der endgültigen »Faust«-Version von 1806, nachdem die betreffliche »Stimme von oben« im sog. »Urfaust« meines Erachtens noch geschwiegen hatte. Allein das war wohl der konzilianten Natur meines Verf. Goethe auf Dauer eben doch nicht recht gewesen; reicht schon, wie grauslig mein kreuzdummer Bruder Valentin mich vorher als »Hur« verflucht!

Das war aber gar nicht wahr, sondern der Faust war wirklich damals der einzigste und m. W. auch der erste gewesen.

Nun, wie dem auch sei, eigentlich bin ich von meinem Goethe doch sowieso sehr komplex aus mindestens drei Quellen und also Resurcen zusammengesetzt, als da wäre 1. die damalige Kindsmörderin Susanna Margaretha Brandt, eine Dienstmagd, der wohl damals irgendwann im 18. Jahrhundert wegen eines ähnlichen Vergehens wie meins der schmerzhafte Kriminalprozess gemacht worden war (wer Genaueres erfahren will, der greife zum Insel-Taschenbuch Nummero 2563, Frankfurt, Edition Unseld usw.) mit wohl ähnlichem Gerichtsbescheid. 2. soll Gretchen ihr Urbild in einer nur in »Dichtung und Wahrheit« festgenagelten Jugendliebe von 1764 haben, nämlich diese bereits als Goethes Frauenideal und als Gretchen-Idealtypus, wie ich irgendwo gelesen habe. Und 3. und um, wie immer, die Verwirrung anzuheizen, weiß Brentanos Bettina, die es ihrerseits aber von Goethes Mutter Ajax haben will, vom Gretchen-Urbild einer Offenbacher Wirtstochter namens »das schöne Gretchen«, von welchem die Frau Goethe also halt im nachhinein (falls Bettina nicht als würdige Vorreiterin der späteren Frauenbefreiungsbewegung und entsprechender Prominenten-Interviewung eh alles zusammengelogen und -geträumt hat!) und von Frl. Brentanos Ausfragerei (1806 f.) betäubt zu wissen meinte, daß »er sie lieb habe« (B. v. A., Briefwechsel mit ihrem Kinde, S. 658).

Mit Gretchen, mir also, aber war Goethe, wie dem sonst auch gewesen sei, so oder so in lebenslanger Befaßtheit, noch seine späten und letzten Gespräche und Aufnotierungen über den Dünenschutt der Zeit usw. beschäftigten sich ja auch mit der alten Frage, ob eine wie ich denn auch vollends in den Himmel kommen, so quasi grade noch hineinrutschen könne. Und wenn die »Faust«-Bibliografie, wie ich erschreckt erfahre, schon 1994 um die 9000 Titel stark war und heuer im Goethejahr endgültig die 10000er-Grenze überklettern wird, dann hat sich diese »Faust«-Literaturliteratur also nol- und volens natürlich auch immerzu mit mir beschäftigen müssen, tja, tut mir leid, Messieurs! Nämlich mindestens genau so wie mit der (zu meinem geheimem Schmerz) »viel bewunderten«, allerdings eben auch »viel gescholtenen« Helena aus dem 2. »Faust«-Teil (ich war da schon tot) – jener Helena, die vielleicht sogar noch einen Tick schöner war (s. auch die buchstäblich sog. »Schöne Helena« von Jack Offenbach) – da haben wir es ja schon wieder, diesen Offenbach-Bezug; während die Willemers mehr nur so auf halber Strecke zwischen Frankfurt und Offenbach – 5:3 in der Verlängerung, Endspiel 1959, ha! mit Goethe bzw. pardon: Egon Loy im Tor die Eintracht! – in der Gerbermühle wohnten …

– aber dafür war ich m. W. wohl immerhin blonder als diese Helena, niedlicher, deutscher auch, wie es da und dort heißt. Praktisch eine Vorahnung – wie, nein, nicht von Eva Braun, aber doch von Richard Wagners Evchen. Die es in den Nürnberger »Meistersingern« aber zwischen gleich drei Männern und Galanen doch vielleicht schon gar zu toll treibt. Unser »Faust«-Stück spielt dagegen wohl mehr im nahen Ingolstadt, wo der historische Doktor Faust bzw. der des alten Spießschen Volksbuchs wohl hauptsächlich lehrte und den Studenten seine alten und abgeschmackten Zaubertricksereien vormachte. Bis er dann schließlich und endlich mich sieht; und schon stantepede hin und weg ist:

»Beim Himmel, ist das Weib so schön!«

brüllt er bereits lauthals in der Vorahnung von mir im 1. »Faust«-Teil, und eben nicht beim Anblick Helenens im 2. Teil, und während dort so eine Art dialogisch-dialektisch entwickelte Definition des Reims zwischen dem Faust und dieser Helena statthat, bin eben ich dafür mit meinem vorerwähnten sog. hessenmäßigen Reim »neige« / »schmerzensreiche« dann umgekehrt führend in die Geschichte des unreinen Reims eingegangen. Als eine von dessen internationalen Meisterleistungen!

Hm, wie gesagt, die Beschäftigung mit dem alten Faustthema (das erwähnte Volksbuch von 1587 kannte er allerdings gar nicht) begleitete Goethe, wie man heute längst und zur absoluten Genüge weiß, sein ganzes volles totales Leben lang; nämlich, wie er es im Brief an Wilhelm Humboldt vom 17. 3. 1832 (fünf Lebenstage waren ihm da noch gegönnt, dem Armen!) darstellt, schriftstellerisch seit 1770 etwa; und vorher auch schon, so wie es in »Dichtung und Wahrheit« ausgedrückt wird, als das »gar vielfältige Hin- und Widersummen« der etwas neueren »Puppenspielfabel« – hm, und später, so ab 1820 / 25, da ging es dem Goethe ja praktisch nur bloß noch um die Vollendung und Beendigung und Erledigung der »Wilhelm Meister«- und der »Faust«-Werkkomplexe. Allein indessen er die »Wanderjahre« als »Werklein« begrifflich kleinhielt, bezeichnete er den Fortgang der »Faust«-Bewältigung immer wieder als »Hauptgeschäft« und »Hauptzweck« oder auch bloß »Zweck« seines ferneren und noch verbleibenden Lebens – tscha, hem, und in aller Bescheidenheit darf ich hier denn abermals drauf bestehen: also auch meine endliche Bewältigung u. Vollendung!

Und da konnte es denn nicht ausbleiben, daß, während die meisten Goethephilologen und -huldiger einfachkeitshalber auch gleich mich mitliebten und mich mitlobten und dabei sogar überwiegend noch über diese Helena stellten und postierten, – daß gleichwohl auch einige Kritik und Reserve wider mich laut und auch schriftlich attikuliert wurden. »Gretchen-Tragödie – welch ein Aufhebens!« spottet bereits 1924 ein gewisser Wiener Kaffeehauspoeta namens Karl Kraus (Sprüche und Widersprüche), »die Welt steht stille, Himmel und Hölle öffnen sich, und in den Sphären klingt die Musik unendlichen Bedauerns: Nicht jedes Mädchen fällt so ›'rein‹!« Bemerken Sie die intrikate Zitatanspielung samt involventem Doppelsinn, den jener Kraus so übermäßig liebte? Und der Schelm fährt noch frecher fort: »Wird in Deutschland der dramatische Knoten noch immer aus der Jungfernhaut geschürzt?«

Fast noch gemeiner, fast noch infamer indessen, was der Schuft F. Nietzsche bereits fünfzig Jahre vorher (Menschliches, Allzumenschliches, 1878 ff.) und wiederum in der Kontinuität von C. D. Grabbe über mich zusammenfaselt:

»Eine kleine Näherin wird verführt und unglücklich gemacht; ein großer Gelehrter ist der Übeltäter [...] Sollte dies wirklich der größte deutsche ›tragische Gedanke‹ sein, wie man unter Deutschen sagen hört?« Jawohl, ist er, warum denn nicht? – bzw. neinnein, so ganz unrecht haben Kraus und sein sonstiger Antipode Nietzsche mit ihren gewagten Sottissen gar nicht, aber ganz recht fährt Nietzsche ja eben deshalb auch fort, Goethe sei »für das eigentlich Tragische« seiner Natur nach einfach »zu konziliant gewesen«, und deshalb »konnte sein mildes Herz nicht umhin, die kleine Näherin, ›die gute Seele, die nur einmal sich vergessen‹, nach ihrem unfreiwilligen Tode in die Nähe der Heiligen zu versetzen [...] dort im Himmel finden sich die Liebenden wieder.«

Also, den kaustisch (nicht faustisch!) beizenden u. spottreichen Ton von wegen der sich vergessenden kleinen Näherin, den möchte ich hier überlesen und überhört haben, auch haben wir, Faust und ich, ha, uns ja auch keineswegs nur *einmal* vergessen, sondern ich vermute und sag mal so unterm Strich 35 Mal in fünf Wochen circa, ha, war doch »so gut, ach, war so lieb« (Gretchen), es konnte hier auch einfach nicht bei »Händedruck und, ach, Kuß« (ebd.) bleiben, der Faust war da halt einfach zu männlich, zu viril, zu, wie man heute modern-wissenschaftlich sagt, potent für bloß nur einmal – allora, was nun allerdings das erwähnte Wiedersehen im Himmel betrifft, das haben nicht nur Schumann, Franz Liszt und sogar Gustav Mahler prächtig abkomponiert, sondern aus dem Buch von Kurt May (Faust II. Teil. In der Sprachform gedeutet, München 1962) erfahre ich sodann auch erfreut, daß ich dort als, wie erwähnt, »Una Poenitentium« und zu den nun abgewandelten Worten

»Neige, neige,
Du Ohnegleiche,
Du Strahlenreiche,
Dein Antlitz gnädig meinem Glück!
Der früh Geliebte,
Nicht mehr Getrübte,
Er kommt zurück«

im Verein mit eben der Mater gloriosa »eine überchristliche erotische Mystik« (S. 297) bilde, nämlich im vom alten Goethehasser Wolfgang Menzel spottvoll sogenannten »Mädchenhimmel« – hm, nun, wie dem auch sei, vorher jedenfalls, das meint auch Horst Albert Glaser, der 1974 zum 225. Goethegeburtstag der

Sache noch genauer auf den Grund geht, bringt es Faust abseits seiner bekannten Einkehr in die Hexen- sowie anschließend noch in eine Auerbachsche Suffküche auch »zuerst nicht weiter als zur Verführung einer naiven Kleinstädterin«, und ähnlich verdrossen äußerte sich ein Vierteljahrhundert vorher bereits der mir sonst ganz gutgesinnte Biograf Heinrich Meyer (Goethe S. 43): Die einzige »Tat« im Sinne seiner, Fausts, Ankündigung sei, mich, Gretchen, zu verführen, »immerhin eine seltsamstrebende Bemühung, eine seltsame Art des guten Menschen in seinem dunken Drange«. Und eine seltsame Art und Manier von Goethe, dem vorgeblichen Frauenfreund dazu, *mir* eine passende Funktion zu verpassen! Noch einmal später in seinem dikken Buch kann sich Meyer des Spotts gar nicht genug tun: Außer dem Sauftreiben sei Fausts Verwirklichung seines Mottos »Am Anfang war die Tat« (so übersetzt er m. W. endlich seinen Luther) eben die Verführung Gretchens: »Schöne Taten!«

Allein, indessen Meyer nur, wie ich finde, schon aber gar zu hart auf den geliebten Mann resp. seinen gleichsam treuhänderischen Verfasser Goethe spottet und Kübel recht unchristlicher Ironie ergießt, geht vorgenannter H. A. Glaser einen wesentlichen Schritt weiter, indem er das fortdenkt, was schon Vordeutern von Nietzsche bis Eichendorff auffiel: Der »Faust«-Schluß sei doch eigentlich nichts anderes als »eine vornehme Umschreibung des trivialen Volkstextes: Lustig gelebt und selig gestorben« (J. v. Eichendorff, ca. 1850). Und das eben paßt dem Glaser, meinem vorerst letzten Kavalier und Protektor, aber partout nicht in den Kram, und er meint, daß der etwas m. E. grämliche Chorus mysticus am Ende des »Faust II« doch schon keineswegs »alle Dissonanzen ausgeglichen habe«. Nämlich, so Glaser, vielmehr »die Gretchentragödie kann vor keiner Himmelskomödie der Bergschluchten-Sequenz vergessen werden« – und sodann stellt jener tapfere Glaser in seinem so rührigen wie rührend beherzigenswerten Aufsatz endlich auch als erster klar bzw. im Rahmen ausgerechnet von Rowohlts Literaturmagazin die aufrüttelnde Frage, warum dies Drama eigentlich »Faust« heißt, denn eigentlich sei dieser ihr, Gretchens, Beischläfer ja, wie jene in Schillers und Hebbels bürgerlichen Dramen, nur ein »kleiner Spitzbube« – »Warum nicht Gretchen?«

Tja, zugegeben, die nicht bloß allein rhetorische Frage – sie schmeichelt mir nicht wenig. Auch ich gefalle mir in Goethes populärem Stückchen nämlich recht gut, vor allem in der Kerkerszene als dieses Litho von Delacroix (1827) mit den zwei gänzlich und pathetisch so wie seine Freiheitsallegorie entblößten Brüsten: Faust ist da völlig weg davon, und sogar der von mir stets, aber mehr ostentativ als gar zu unheimlich gewitterte und geschmähte Mephisto dreht da seine Augen wie verrückt nach mir heraus!! – ei freilich, wäre ich ein Mann und könnte wählen, ich wüßte schon, auf wen die Wahl fiele, auch dieses von Dr. Faust umjubelte augenniederschlagend Kurzangebundene und entzückende sitt- und tugendreich Schnippische täte mir schon sehr gefallen und einleuchten, o nein, diese Helena mit ihren schweren Hexenmeterversen im zweiten »Faust«-Teil hält da keineswegs mit u. ganz und gar keinen Vergleich aus, sie ist ja auch schon viel älter als 14 – was ist denn schon groß dran an dieser alten Hetäre und dem ganzen »Faust II«? »Das ewig Langweilige / führt uns dahin«, spottet ätzend und aber ganz zu Recht in seiner weltberühmten Parodie-Fortschreibung Friedr. Th. Vischer 1862, vollkommen recht hat er! Dagegen ich! Vielleicht ja nicht ganz so schön wie jene Helena einst als junge und angeblich schönste Frau der Anticke – aber eben auch keine Hetäre, kein billiges Flittchen! Und sofern mich also mein dummer Bruder Valentin über die Maßen töricht (und als *vierter* Toter kurz hintereinander in meiner kleinen Familie!) sterbend als »eine Hur« beschimpft, dann ist das schon ganz und gar ungerecht! Erstens wollte ich den Faust ja möglichst bald heiraten, nachdem es da auch schon »stank« (Lieschen) – und zweitens entlarvt sich dieser mein Bruder damit bloß als der typische Chauvi und ach wie selbstgerecht männlichkeitsfixierte Schwätzer u. bruderliche Blödmann, wenn er sich selbsten als (sein letztes Wort) »brav« einschätzt! Und drittens, was ist denn bloß eigentlich dagegen zu sagen und vorzubringen, daß so ein fast richtiges Fräulein wie ich sich, sobald die Zeit gekommen, auch voll einbringt und mit so einem Herrn einläßt?? Und ihn dann auch – gewähren läßt! Na und? »Why not?« (Th. Assheuer in der angesehenen Wochenzeitung »Die Zeit« vom Nov. 1997) –

Man bedenke ja doch auch Fausts durch vorherige Verjüngung erzielte Unwiderstehlichkeit. »Seiner Rede, ach, Zauberfluß« erwähne ich schon lobend im Stück selber – »der volle und warme Klang seiner Stimme« (Friedenthal, Goethe S. 10 – woher der das wohl so genau weiß?) wird an dem »Vielliebenden« und Vorbild Goethe (ebd.) gerühmt, und zu ähnlichen sprachstrukturalischen Ergebnissen kommt (a. a. O.) Kurt May. Er, Faust, hat wie sein Goethe »die Natursprache in seinem Besitz« (O. M. Frh. von Stackelberg an August Kestner 15. 11. 1829) – er bewundert aber als Sprachgenie nun gerade meinen herzig unwiderstehlichen Gretchenton, der da lt. Faust mehr bezaubert u. »unterhält, als alle Weisheit dieser Welt«, auch wenn er bloß vom Schwesterchen-Baby plappert. Ei freilich, doch über solche tiefen Erkenntnisse und dem Fluß des eigenen Sermons hinaus ist auch Fausts goethisch klares Auge feiernd zu preisen, sein heller Sinn, sein fester Mut, seine holde Lippe nicht zu vergessen – doch, freilich, klar, er gefiel mir ja schon sehr, mein Heinrich und geliebter Doktor Faustling (wie ich ihn bisweilen zartest anspielungsreich zu nennen mich freute)! Und es stimmt schon und war von mir damals auch schon ganz richtig wiedergegeben: Meine Ruhe war hin, mein Herze so schwer, wenn ich ihn sah, seinen hohen Gang, seine edle Gestalt, und natürlich noch schwerer, wenn ich ihn dann aber im Kerker nicht sah, weil er halt, wie ich rasch rauskriegte, »keine Religion« hatte, aber welcher dieser modernen Professoren hat die schon! Nicht einmal die heutigen geistlichen, wie man hört! Nun, naturgemäß, im finsteren Kerker, da vermißte ich ihn dann schon sehr und da wurde mir das Herz vor der bevorstehenden Hinrichtung (Goethe zeigt sie gottseidank nicht auf der Bühne, und ich bin ihm sehr dankbar dafür, heutzutage käme das gewiß im Fernsehen live, jedenfalls in Texas und Arizona) –

Gleichviel, nach meinem überaus bitteren Ende wird dann mein Herr Lover zuerst mit dem bei Goethe so häufigen, beinahe schon geläufigen Letheflut-Motiv vom Kerker ab Vers 4629 in eine »Anmutige Gegend« versetzt, zwecks Vergessen der ganzen traurigen Angelegenheit und um derart seine »Entelechie« (so, etwas unverständlich, die gesamte »Faust«-Forschung) zu salvieren, wenn auch abermals mittels des »Ewig-Weiblichen«, welches ihn endlich in V. 12110 endgültig hinanzieht – na schön, dieses Ewig-Weibliche bin zwar kurioserweise und zumindest partiell dann abermals ich, nämlich als eine Art spiritueller Begleitschutz der Mater Gloriosa, wie vorne bereits angedeutet, insofern als (ich hab es beim ersten Lesen selber kaum mitgekriegt, es ist nämlich recht klein und fast verstohlen gedruckt) ich da also »eine Büßerin, sonst Gretchen genannt« bin, also schon ganz entpersönlicht und vergeistigt, Heilige und fast Göttin schon, angst und bange könnte einem werden, vor dieser meiner neuen Qualitas und Aufgabenstellung, nämlich jetzt Fausten zu erretten vor Höllennot u. Pein, so wie er mich allerdings am spiegelbildlichen ersten »Faust I«-Schluß so gerade *nicht* zu erretten vermochte –

Je nun, wie schon vorne leis abgedeutet, dieser ganze 2. »Faust«-Teil gefällt mir, wie Vischer, wie (wenn er ehrlich gewesen wäre) auch Eckermann, ja wohl auch Goethe, trotz dieser meinen schönen Erhöhung, schon beinahe Kanonisierung vielleicht doch viel weniger, aus naheliegenden Gründen, ich erwähne nur abermals das Stich- und Reizwort »Helena«, diese durchaus »ambivalente Person« (G. Polt) – aber auch und gerade wegen meiner betroffenen neuen Rangstellung in diesem eigentlich weniger Mädchenhimmel, sondern vielmehr in dieser seltsamen geistlichen Herrenhierarchie des Schlußtableaus der »Bergschluchten«: »Eine höhere Jungfrau«, so macht sich Nietzsche 1888 m.E. mit Fug etwas lustig, »zieht ihn hinan«, und das ist nämlich jetzt nicht die Mater Dolorosa, quasi meine Chefin, sondern bin ich selber, jetzt aber offenbar wieder ententjungfert – also mir war das eigentlich gar nicht so recht, als ich das las, und es gefiel mir trotz der schönen Feierlichkeit der gesamten apotheotisch-epiphanischen Schlußszene durchaus nicht. Denn siehe, »wenn in der Anrufung der Mater gloriosa als der Ohnegleichen das Gedächtnis an Gretchens Verse im Zwinger wie über Äonen heraufdämmert« (Noten zur Literatur II, 1959, von Theodor W. Adorno – sehr passender Name für die Ausdeutung dieser anbetenden und überhaupt stark theologischen Schlußszene; vielleicht meinte Goethe auf dem Sterbebette ja just dieses bzw. diesen »W.« als seinen Erben!) – dann erkennt freilich vorgestreifter Joseph Freiherr v. Eichendorff bereits 102 Jahre vorher (Geschichte der poetischen Literatur Deutschlands) in dieser meiner sowohl als Fausts »opernartigen Heiligsprechung« (Kanonisation, ha!) bloß und allenfalls die dito vornehmere Einkleidung des platten Volksguts: Man lebe lustig und sterbe selig. Vielleicht sei halt gerade angesichts und wegen dieser dicken Trivialität der »Faust«, wie Eichendorff verblüffend bzw. selber recht verblüfft zusammenfaßt, »nicht nur das größte Gedicht unserer Literatur, sondern zugleich die wahre Tragödie der neuen Zeit«.

Also, ich halte mich da lieber raus und in diesen erdgeschichtlichen Verschlingungen einigermaßen jungfräulich sauber – mir jedenfalls ist dieses alles wie pyramidalisch hinanziehende Faust-Schlußgewese denn doch ein bißchen zu hoch und geistlich und vergeistigt. Auch wenn ich umgekehrt freilich lügen müßte, wenn ich hier öffentlich behauptete, daß mir denn Goethes sozusagen vorgezogene eigene »Faust«-Travestie namens »Hanswursts Hochzeit« mit ihren schon arg protzerischen und auf den Putz hauenden Schweinigelversen von wegen »komm ich bei Nacht / und vögle sie daß alles kracht« und bis sie »schwaumelt« (sic!) – daß mir *der* Ton also insgeheim doch noch besser gefiele und behagte. Nein, mir ist schon, ob er nun neuerdings »Gretchen« oder doch bewährterweise fernerhin »Faust« heiße, der wirkliche Erste Teil der Tragödie der alles in allem liebste und angenehmste, diese so herzliche wie sinnliche und dann auch sexuelle Liebe zwischen Wilhelm Meister, pardon: zwischen Faust und mir, dem zugegeben etwas treudeutsch geratenen Gretchen, und dem in fast jeder Weise zauberischen Doktor, dessen Auge da (und das rechne ich ihm hoch an) so zielsicher auf mich fiel, mich, die dann viel später sogar ein E. Bloch als »Muse, Sibylle, Geheimnis, träumender Schoß, Ampel und Herdsymbol« (Geist der Utopie, 1918 / 23) rühmen sollte. Nein, so unrecht mein enorm dummer Bruder Karl Valentin hatte, als er mich im Affekt und bei seinem Sterben eine »Hur« schalt – er, Faust, war mir schon viel lieber als seine spätere (Goethe fürchtete sich halt einfach vorm Tod und noch mehr vorm Teufel) gerettete Entelechie und Spiritualisierung. Nein, am liebsten mochte ich ihn schon als meinen lieben Bettschatz, als, wie es Martin Schneider einst bestens auf den Begriff und auf seine Richtigkeit brachte, »dem Gretchen sein Defloradeur, aja« (Kaiserin Friedrich Gymnasium Bad Homburg v. d. H., Deutschunterricht Kollegstufe 1981) – ach nein, es war da eben doch kein anderer vorher schon an mir dran und drin; ich wollte da vorhin nur etwas prunken und mich dicktun. Und fasse hier bei dieser Gelegenheit nach; und also zusammen; daß ich; diesen mich deflorierenden Herrn Faust; damals; ja schon; recht; lieb; hatte …

»Die Kunst und die Frauen«, lese ich in der Programmzeitschrift »Hör zu« vom 2. Mai 98 zu einer Fernsehsendung von

Bayern III über Picasso, »waren für Picasso, den großen Meister der Moderne, untrennbar miteinander verbunden. Jede Liebe beeinflußte sein Schaffen entscheidend.« Das kann man für meinen Schöpfer, also Johann Fr. Goethe, weißgott auch sagen – und man hat es ihm sogar auch vielfach zum Vorwurfe gemacht, vornehmlich diese betr. Frauen von Käthchen Schönkopf über jene seltsame Frau von Stein bis zur dicken Ehefrau selber. Insofern sie in gewisser Weise ja wohl den Schaden davon hatten oder zu haben glaubten. Ein Wort in betreff. Sache deswegen von mir, die ich einerseits gleichfalls eine Frau, andererseits in nämlicher Reihe aber auch rare Ausnahme bin, nämlich Nichtbetroffene und also wohl neutral u. auch objektiver. Mußte das alles, mußte so eine Vielzahl, mußte dies stete strebend sich zu den Frauen hin Bemühende denn wirklich sein? Also, ich denke einerseits mit dem Evolutionsforscher Konrad Lorenz: »Der Drang zum Sammeln gleichartiger Objekte ist höchstwahrscheinlich genetisch programmiert«, deshalb eben nach der Ziegesar und der Herzlieb zu allem Überfluß auch noch die schon gar zu betuliche u. dabei kokettiererische Ulrike. Dies zum einen, allein auch die Einehe (Monogammie) dient ja, wie Lorenz so gut wie ich weiß, der höheren Evolution, und da kann man also heute ganz billig sagen: Am Ende brachte es der Goethe doch ja ganz überraschend auch noch zu einer recht passablen Einehe!

Was jedoch seine vorhergehende Weiberflucht-Stereotypie und das von allen Goetheforschern messerscharf beobachtete Sekundärschema betrifft, nach dem Scheitern sogleich dies Scheitern zum Gedicht zu erheben, vielleicht während des Scheiterns und vorher schon – sogar im Extremfall dies Scheitern resp. die Flucht ab ofo anzustreben, um derart Stoff für ein tragisches oder halt wenigstens elegisches Gedicht zu erhalten u. abzustauben – nun denn, zumindest in meinem Fall trifft das *nicht* zu. Abgesehen von gewissen motivlichen und atmosphärischen Anregungen, so da jenes Offenbächer Gretchen und später die niedliche Lili ihm gegeben haben mochten, *erfand er, Goethe, mich* ja offenbar ganz ohne solcherlei vitale und sublimatorische Komponenten, gleichsam selbstlos –

– und auch die Variante, welche Heinrich Meyer an Goethe beobachten zu müssen glaubt: »So dichtet er sich oft die Erwiderung der Liebe zurecht« (S. 37) fällt in meinem speziellen Falle so flach, wie Faust mich immer wieder gern zu legen pflegte (ich habe vorne geschwindelt, es waren wohl nur 12 Male, die Mutter schlief einfach zu leicht). Und überhaupt, wenn ich *das* schon höre: Goethe, der alte Frauenmaniker, der Pantoffelheld, der noch jedem schlechteren Rock nachjagte! Na und? Why not (a. a. O)? Beneiden wir ihn nicht schließlich allesamt darum??? Nicht bloß die Männer! Und – ist es nicht komisch, daß Goethe so ein tolles Leben führte – und wir aber nicht – und wir ihn drum schelten und aber zur Strafe trotzdem ein halbes Jahrtausend lang diese seine ganzen Werke i. e. eben Weibergeschichten nach- u. weglesen müssen? Weil Männlein wie Weiblein auch in dieser unserer späten Kulturstufe des homo errectus (ha!) sapiens sapiens nichts auch nur annähernd so sehr und maßlos interessiert als wie eben diese uralt ewiggleichen Sex- und Schweinigelschnurren?!

Das meint übrigens auch haargenau mein neuer – und vorerst noch gut verheirateter, ha! – Verleger Alexander Fesch: »Weiber sind halt mal was echt Tolles«, so er neulich zu seinem bestellten Herausgeber, »und verkaufen sich auch immer spitze. Und im Goethejahr, hoff ich, mehr denn je!« So und unter diesem schönen Erwartungshorizont bin ich deshalb bei diesem nun vorliegenden Buch auch recht gerne mit von der Partie, die Frauenfreunde des Landes und der Nation ein u. U. letztesmal zu umgarnen und um ihr Erspartes zu bringen – aber nicht nur und allein, ein Anderes kommt hinzu: Ich merke doch bei der Wiederlektüre dieses Buchs ganz genau, daß und wie mich der genannte Herausgeber – noch über den verständlicherweise mehr materialistisch gesinnten Verleger hinaus – mag, unter all den vorgeführten Goetheweibern knapp vor vielleicht Friederike und Lili, nein, weit vor ihnen, mich ja weitaus am liebsten mag, ein letztesmal werweiß der Sieg des Geistes resp. des Erdichteten über den peinlichen Erdenrest, mit meinem alten Faust zu stöhnen – ha, und aber auch umgekehrt: Wenn schon nicht dem ziemlich dummen Goethe selber, so bin ich doch, das spüre ich – ha, mich überläuft's richtig – dem Herrn Herausgeber H* die Allerliebste und ans Herz Greifendste jenseits all dieser anderwärtigen goetheschen Frauenzimmer und Weibsbilder, jenseits all dieser Steinziegen und Ziegesars, was wunder, daß, auch dies gehört wohl zu unserer genetischen Evolutionsgrundausstattung, so wie Druck fast immer Gegendruck erzeugt, also Liebe mehr oder weniger immerzu prompt Gegenliebe, ja, ich spür's sehr wohl, wie's unterm Herzen abermals sich zartest regt und ebendieses jenem geheimnisvollen und mir fernen und vorerst noch unbekannten H* zufliegt und flattert und wie schon gar nichts Gutes und dabei mein Leib in flagranti entfla – – –

Genug. Am besten, ich weiß nicht, wie es jenem Fernen ergeht, gefällt mir persönlich Gretchen übrigens in der »Mefistofele«-Fassung von Arrigo Boito, nämlich das wunderbar melancholisch-monotone puccinioide Kerkerduett »Lontano, lontano, lontano« sowie vorher schon Margeritas (so heiße ich da) Arie »L'altra notte in fondo al mare« – ah, da könnt' ich richtig dahinschmelzen, da krieg ich mich schon kaum mehr ein. Das Finale als Kerkerterzett mit Faust und Mephisto: das aber gefällt und behagt mir noch besser bei Ch. Gounod und in seiner schönen Oper, da, wo ich meine Himmels- und Engelsversion in aller extremen Exaltiertheit und ekstatischer Süßigkeitserregung von Mal zu Mal einen Ton höher ansetze: »Anges purs, anges radieux, portez mon âme au sein des cieux!« – ah, ah, ah, an diesen Tönen zuweilen vergehen ich wollt, o mon dieu! –

Ich wollte aber doch zum Schlusse hin auch noch was anderes

sagen. Nämlich ich ergreife hiermit kurz vorm Ende noch rasch die Gelegenheit, für eine sonst zumeist vergessene und reichlich unbekannte und unterschätzte Frauengestalt in Goethes Leben mich hiermit stark zu machen: So wie ich in dieses Buch auch nur mehr zufällig als Einzel- und Ausnahmefall hineingeraten bin, so nehme ich in einem Rutsch also umgekehrt meine Chance wahr und schmuggle gerechterweise noch ganz schnell ins Buch (Vorhang auf!): jawohl, das Hoffräulein Luise von Göchhausen, genannt »Thusnelde«, dem die 100 Jahre verschollene »Urfaust«-Abschrift zu danken ist (s. F. Sengle, Der Fürst und sein Genie o.s.ä.) – jawohl, aja, schwupps: die Göchhausen, ein bucklichtes Weimarer Mägdlein, klein, verwachsen, welches von den Fachleuten (s. Lewes, Goethes Leben und Werk, Stuttgart, 1903) sogar auch als »boshaft« und als »ein kecker kleiner Dämon« ausgegeben wird – und das ich hier zum Finaltusch aber trotzdem Ihrer besonderen Aufmerksamkeit und Wertschätzung anheimstelle und recht empfehle: Ohne sie, Thusnelde, gäbe es auch mich wohl nicht so ganz – man bedenke und beachte, es gab ja damals noch nicht diese modernen Koppiermaschinen, mit deren Hilfe jetzt alles so hopphopp geht, diese in der Konsequenz recht leidigen Abpausemaschinen, in deren Kainszeichen nun natürlich noch mehr Unfug zusammengeschrieben, koppiert und fixweg gefaxt und sogar gedruckt wird. Was oft aber gar nicht nottut. Zum Beispiel dieser »Faust II«. Obwohl, wenn ich so ganz ehrlich bin, das – auch nicht so ganz stimmt. Wenn ich nämlich ganz ganz zutiefst mit mir selbst zurate gehe, muß ich nämlich schon wieder durchaus einschränken und konzessieren, daß mir aus diesem Zweiten Faustteil und seinem Beschluß der Name »Pater Ecstaticus« des bei der Erlösung mitwirkenden und dabei längere Zeit auf- und abschwebenden geistlichen Herrn und heiligen Anachoreten doch irgendwie sehr nahe geht. »Pater ecstaticus«, hm, doch, direkt mich erregen tut's da schon wieder, ich weiß auch nicht, warum.

PS. Zur allfälligen Anfrage, warum, wieso und weshalb ich jedoch für mein Buchkapitel zugunsten des Verlegers Fesch und zum wünschenswerten Nutzen meines lieben H* den Titel »Gretchen Faust« erwählt habe: weil ich schließlich mit ihm immerhin unterm Panier der Gottesmutter Maria noch ganz ordentlich, wenn schon erst aposterionis verheiratet u. verehelicht bin. Bzw. jedenfalls war. Doch wie auch immer, mir hat immer sehr eingeleuchtet, daß in Puccinis wunderbarer Oper die Titelheldin vom Konsul Sharpless weder als »Madame Butterfly« noch als (ihr Geburtsname) »Cio-cio-san« begrüßt werden möchte; sondern à tout prix vielmehr als »Madama Pinkerton – prego!« Doch, das hat mir von der immer *sehr* gefallen. Und das gilt ergo *auch* für mich. Darum »Gretchen Faust – prego«. Nein, das hat jetzt nichts mit falschem Ehrgeiz und Dünkel zu tun. Denn wiederum fände ich es sogar sehr unpassend und übertrieben, in Metzgereien und auf der Stadtsparkasse als »Frau Professor« angeredet zu werden – nein, das denn bitte nicht.

Ein Nachsatz des Herausgebers

»Zeitverkürzend ist immer die Nähe der Geliebten« (Dichtung und Wahrheit, 11. Buch), so faßt J. W. Goethe im Jahr 1812 seine Erkenntnisse über die Frauen mittlerweile 63jährig und stark zeitverkürzt zusammen; daß diese Frauen bzw. »die Weiber aus Einem« – einem unterstrichen – »Punkte zu curiren sind«, der »ihr ewig Weh und Ach« (Faust I, V. 2026) restlos behebt, das legt er vorsichtshalber dem Mephistopheles in den unqualifizierten Mund. Ob es auch seine eigene zusammenraffende Meinung war: selbst wenn das Goethes das besterforschte Leben ist, von dem wir wissen, das gerade wissen wir gleichwohl noch immer nicht ganz genau. Noch nach wie vor dies, wie die elf in diesem Buche vorgestellten nahestehenden Frauen darüber selber dachten.

Noch ob sein, Goethes, spezielles und fast allzeit wiederkehrendes Sublimationsschema, über den etwaigen wirklichen Ernst einer Leidenschaft hinaus jeweils der Liebe »auszukneifen und ein Gedicht zu machen« (Heinrich Meyer, S. 37), tatsächlich u. U. durchaus auch im Sinne dieser dadurch ja stark entlasteten Weiber und Frauen war. Noch ob man ebendeshalb in ihm mehr einen Frauenfreund oder einen Frauenfeind zu sehen hat. Und schließlich wissen wir gleichfalls noch immer nicht und auch am Beschlußende dieses Buches kaum: ob er von Frauen überhaupt so sehr viel verstand.

Darüber mag immerhin seine Zweifel hegen, wer vergleicht, was Goethe im hohen Greisenalter, beidemale gegenüber Eckermann, über Frauen und Shakespeare zum besten gab:

»Shakespeare gibt uns in silbernen Schalen goldene Äpfel« (25.12.1825). Und: »Die Frauen sind silberne Schalen, in die wir goldene Äpfel legen« (22.10.1828). Und, als Eckermann sich darüber wohl leicht erstaunt: »Meine Idee von den Frauen ist mir angeboren, oder in mir entstanden, Gott weiß wie.«

War Goethe damals öfter mal angezwitschert? Oder halt einfach doch nicht so ganz bei der Sache respektive bei Trost? Machten ihn die Frauen derart wirr? Und wollte er eben deswegen letztlich doch lieber den – Schiller heiraten?

Nein. Die klare Auskunft erfolgt abermals an Eckermann (16.3.1831): »Es ist kaum begreiflich, allein Schiller war dem Einfluß von Frauen unterworfen wie andere auch.«

Literatur

An Nachschlagewerken wurden vor allem genutzt:

Johann Peter Eckermann, Gespräche mit Goethe in den letzten Jahren seines Lebens, Frankfurt 1955 / 87.

Flodoard Freiherr von Biedermann, Goethes Gespräche ohne die Gespräche mit Eckermann, 1909 ff.

Goethe in vertraulichen Briefen seiner Zeitgenossen, zusammengestellt von Wilhelm Bode, 3 Bände, Berlin 1917 ff.

Karl Robert Mandelkow, Goethe in Deutschland, 1980.

Eckhard Henscheid / F. W. Bernstein, Unser Goethe, Zürich bzw. Frankfurt 1982 bzw. 1999.

Werke und Briefe in unterschiedlichen Ausgaben.

Friedhelm Kemp (Hrsg.), Goethe – Leben und Werk in Briefen, München 1978 ff.

Angelika Maass (Hrsg.), Lieber Engel, ich bin ganz dein! Goethes schönste Briefe an Frauen, Frankfurt 1999.

Sowie die großen Goethe-Biografien u.a. von Gundolf, Meyer, Friedenthal und Conrady.

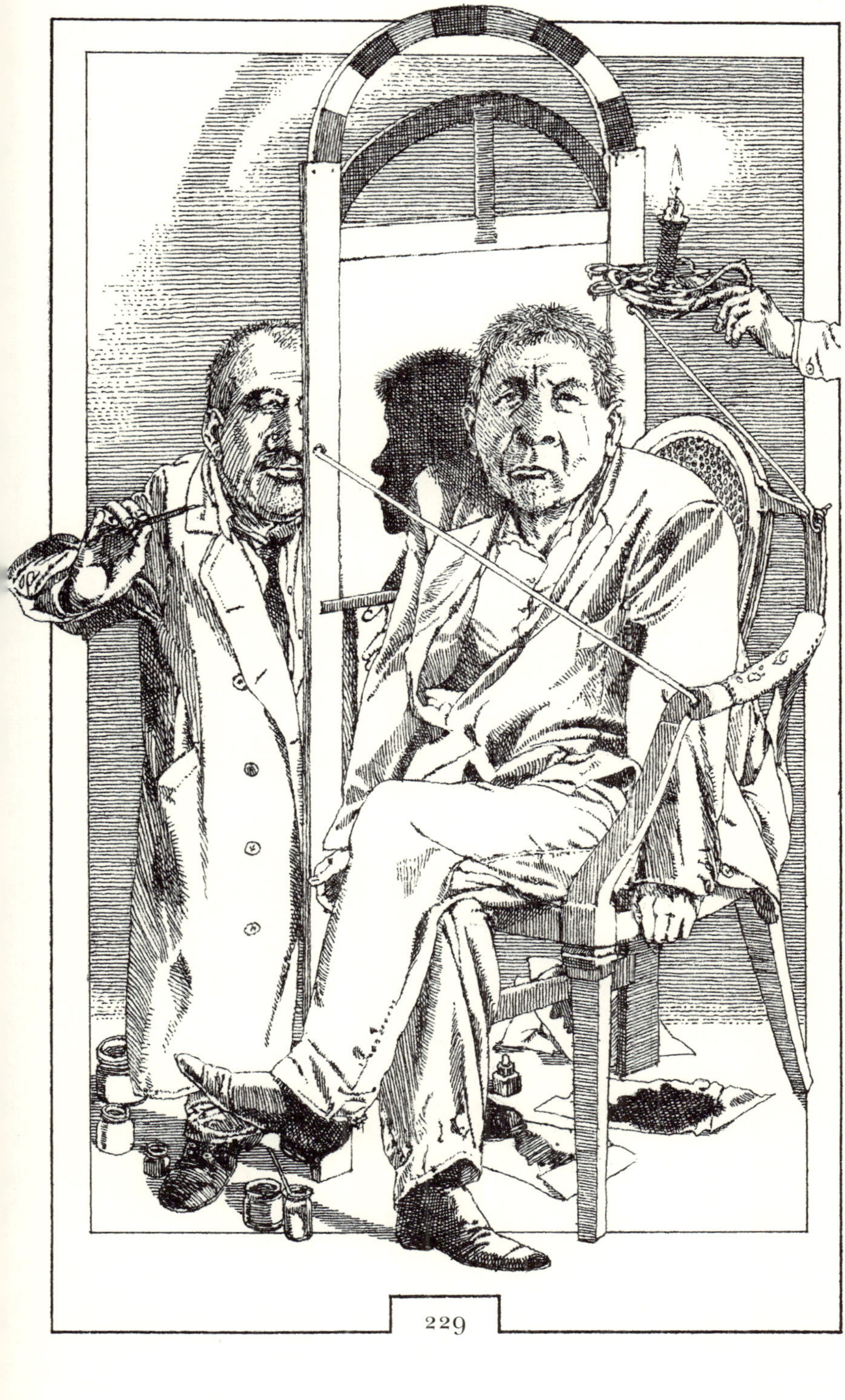

2. Auflage 1999

Umschlagzeichnungen: Klaus Ensikat
Buchgestaltung: Ⓢ sans serif, Berlin
Reproduktionen: Mega-Satz-Service, Berlin
Gesetzt aus der ITC New Baskerville
Satz, Druck und Bindung: Clausen & Bosse, Leck
Printed in Germany 1999
ISBN 3-8286-0084-0